Lee Jung-Do

시인 이종도 (사진/ 김주하)

당신을 통째로 삼킬 것입니다

이중도 시집

당신을 통째로 삼킬 것입니다

시학
Poetics

■ 시인의 말

외로움이 도끼다.
잡목들로 뗏목 한 척.
동백꽃 몇 동이 실어 보낸다.

2015년
통영에서 이중도

차 례

- 시인의 말
- 작품 해설 | 송기한

제1부 섬

산돼지 흔적	17
갈아엎어 놓은 논	18
몸뻬	20
밭뙈기 한 쪽	22
제국주의자	23
심장	24
밤의 처녀 속으로	25
늙은 철선	26
겨울 아침	27
조춘	28
북신만에서	29
봄날의 장례	30
사과	31
절해고도	32
지지地誌	33
충무농기계수리센터	34
벚꽃의 시간	35

폐가	36
시작詩作	37
젊음	38
불두화	39
수난일	40

제2부 사랑의 전설

대나무 숲 속을 걷다가	43
당신을 통째로 삼킬 것입니다	44
문안	46
비 맞은 마음아	47
꽃밭이나 하나 만들어	48
춘삼월	49
평상	50
개다리소반	51
섭패	52

칼	54
술	55
늦은 가을 이맘때쯤	56
잡아먹고 싶다	57
파도의 노래	58
실성한 주막	59
적덕 고모	60
전혁림 화백의 팔레트	62
이를 어찌할까요	64
어떤 울음	66
어떤 기슭	67

제3부 텃개

이곳에는	71
촌놈	72
바보	73

여인	74
황토밭	75
지팡이	76
헷갈립니다	77
네게 복이 있도다	78
그때는	79
갯마을	80
보리밭	82
텃밭	84
어떤 손	85
새미	86
부표	88
복사꽃	90
순자	92
만삭의 봉오리 저절로 열리며	94
코스모스 길	96

제4부 서피랑

불알 99
불알 한 쪽 100
불알 두 쪽 101
나에게만 한눈팔고 살았구나 102
하굣길 103
새끼 고양이 104
거미집 105
우리는 소녀잖아요 106
자본주의 107
어떤 대화 108
거미줄 110
밥그릇 하나 되어 112
풀릴까? 113
폐업 114
왜가리 115
무화과 116
설날 117

저물녘　118
다시 봄인가!　120
정든 유곽은 떠나고　122
뚝지먼당길 92번지　124
노파들　125

제5부 은목서

경전經典 곁에서　129
근황　130
봄이 말 울음소리를 내며　131
사월 첫째 날　132
사월을 뜯어 먹는다　133
꽃구름　134
산다화　135
목련　136
아카시아 숲에서　137

시골 서점	138
풀밭	140
무덤	141
은목서	142
달밤	144
바위야	145
성탄 아침	146
여행	147

제1부
섬

산돼지 흔적

달 없는 밤만 뜯어 먹고 자란
검은 말 퍼덕거리는 꼬리로

먹구름들 바위 쪼개는 울음들
가득 찬 장마의 자루
통째로 뭉쳐 빚은 포탄으로

빛이 간음하기 전 어둠의 순결
사흘 치 뭉쳐 다진 먹 덩어리
허리 고대의 장수 같은
대패질하지 않은 추사체 일획 같은
먹 한 마리로

갑옷 입은 묵정밭 찢어지게
아! 일필휘지

갈아엎어 놓은 논

해를 달을
낳을 것만 같은
흙!

빗질한 토기를
토기에 담긴 커다란 알을
알을 깨고 나온 젖니 가지런한 왕국을
낳을 것만 같은
흙!

눈알도 호흡도 욕심도
사랑도 말도 영혼도
모두 흙으로 빚은 소 같은 사람들
마구 낳을 것만 같은
흙!

뻐꾸기 울음 몇 방울 떨어지면
배가 불러 올 것 같은

흙!

호박만 한 돌로 거웃 두른
오줌발 굵은 고대 왕비의
성기 같은
흙!

몸빼

한마디로 자루!

흙 파서 먹는 이승을
제사 때마다 건너오는 저승을
한데 담아 묶어 버리는 자루
철없는 까치 솜털 보송보송한 노래를
통째로 삼켜 버리는
식욕 무화과나무 이파리들 같은
두툼한 구렁이
문패도 이름도 없는
고봉高捧의 무덤

숨 쉴 구멍 하나 없는 수의를
성의聖衣로 여겼던 것일까?
기역 자로 굽어 만나야 했던 시간을
사원寺院으로 여겼던 것일까?

자루 속에서 질식하여 죽은 처녀

부활하여 어머니
관을 찢고 나오곤 했다

밭뙈기 한 쪽

묵은 장갑 속에서 잠자던
지네가 손가락을 문다
마른벼락 떨어지고
오른손 집게손가락에 번지는
두툼한 어둠
태초의 밤에 찍었다 떨어뜨린
먹물 한 방울
번지는 여진餘震

매화나무 사타구니에
메뚜기가 벗어 놓고 떠난 허물
간밤 고라니가 상형문자로 써 놓고 간
경전 한 쪽
두릅나무 정수리에서 솟아오르는
굵은 분수

밭뙈기가 통째로 봄동 이파리 한 장
마음을 쌈 싸 구멍 숭숭 초막
빈 까치 둥지에 집어넣는다

제국주의자

공터가 아이들의 식욕이다
파리 쫓듯 쫓아내도
돌아서면 다시 들어와 뒹군다
클로버 뿌리 바퀴벌레보다 질기다
더 이상 토끼를 낳지 않는 불임의 초록
언덕을 점령한다

러시아 자작나무 숲을 늑대를
곰을 절벽을 동굴을 정령들을
통째로 삼키는 나의 식욕도 제국주의자
야수파의 색채로 문신한
걸신들린 제국주의자

세상의 모든 맥주를 들이붓는 무저갱이여
아마도 나는 거품이 되려고
무지개 허리띠 두른 풍선이 되려고
허공의 태胎에서 태어난 모양이다

심장

첩첩 섬들로 울타리 두른 바다

수직이 강림한다
쩌렁쩌렁한 신의 파편들
때로는 심연에서 뒤척이는
리바이어던의 그림자

장미의 후광 가라앉고
발기된 송이버섯
귀두에서 눈 뜨는 북극성

출렁거린다
출렁거린다
출렁거린다

아! 한 잔의 심장

밤의 처녀 속으로

전단지 덕지덕지 껍질 두른 전봇대
지키는 천사도 불 칼도 보이지 않는 생명나무
핏줄 같은 가지 사통팔달 뻗쳐 있다
실가지 창틈으로 지네처럼 기어든다

빛이 있으라! 그래 빛이 있구나!
하나님 보시기에 참 좋구나
너무 좋아서 휘젓고 싶구나
눈먼 장대로 거미집 휘젓듯 휘저어 버리고
돌아가고 싶구나 밤의 처녀 속으로

돌아가면 손이 눈을 뜨리라
고라니 눈알 번쩍이는 손으로
만지리라 풀잎의 알몸을 이슬의 알몸을
네 흙을 네 흙 속에 숨어 있는 구들장을
구들장 아래 수줍게 피어 있는 잉걸을
누군가 혼신의 날숨으로 불어 주어야 할
불잉걸을

늙은 철선

백구白狗처럼 날렵한 목선들 사이
시커먼 불알 같은 폐타이어들 붙이고
웅크린 불도그 한 마리?
아들의 낫에 잘려 거품 흘리며
대해를 떠돌던 우라노스의 삭은 좆?
근대가 남긴 사리舍利?

비린 꽃잎 덕지덕지 붙어 있는
원시의 창들 녹슬었고
굴뚝을 물고 사는 수부들의
썩은 내장 속에서 훑어 낸 잡어들
화석처럼 말랐다

까마귀 떼 된소리 토해 내고
단식한 허공에 소금 뿌려지고
거대한 흑 잔
검은 맥주 출렁거린다

겨울 아침

멸치 배 갑판 위에 쪼그리고 앉아
무명씨 서넛 퍼 먹는 겨울
둘러앉은 머리 위로 후끈한 김 오른다
어슬렁거리던 빈 무덤 배 속이 뜨끈해진다
부리부리한 등 아래
어창에서 퍼내는 퍼덕거림들

나 또한 잦아들지 않는 퍼덕거림에 끌려
살로 기어 온 물 위의 항적航跡이었던가
아득한 자취 따라가면
패각을 만져 패각이 된 손들이 사는 바닷가

막막한 길의 목덜미 쓰다듬어 주던
그 손들 모두 떠난 빈 패각 속으로
녹슨 마음 흘러간다

조춘

강원도에서 온 편지에 동봉된
때아닌 설경!
고구려 처녀의 눈부신 동정童貞
꼭꼭 눌러 뭉치니
남쪽 끝 백매白梅 한 방울
봉두난발 늦은 아침을 멍석말이하는
얼음장 아래 매운 혼 한 사발
먼 섬으로 가는 배 한 척
저인망으로 훑어
겨울의 잔해 끌고 간다

황토밭에서 갓 뽑아낸
붉은 남근男根 같은 시간을
조선낫으로 깎아 먹는다

북신만에서

낡은 포구 폐경의 자궁 속에서
퍼덕거리는 빛 덩어리들
바람이 몰아넣은 돌고래 떼
등에서 무동 서서 춤추는
태초의 빛 덩어리들

당신이 술잔에
구름을 부어 주던 시절도 있었다
맥주 거품처럼 부풀어 올랐던 과원
한 마리 환한 고래로
피어 있던 시절도 있었다

단물 빨린 껌처럼 길에 버려져
눈먼 말[言]에 밟힐 때마다
꿈의 멍석이 되는

아! 사월의 꽃 잔치여

봄날의 장례

식용으로 키우는 개들 짖어 댄다
몸 전체가 누런 혓바닥이다
허공이 꽂힌 칼집으로
무덤을 들이받는 흑염소 몇 마리
춘정이 서캐를 낳는 버려진 땅의 치모를
토종닭이 갈고리로 파헤친다
웃자란 남천 관목 속에는
엄지손가락만 한 새 떼들의 날갯짓
가랑비 양철 지붕에 떨어지는 소리를 낸다
처녀의 피 흐르는지 홍매
붉은 핏방울 맺히는 초경 初經

죽순 같은 사람 멀리 보내고
대나무 도막이 되어 걷는다

봄 길이 끓기 시작한다

사과

서호시장 청과물 가게에서 만난
딸아이 머리만 한 사과
갈대밭 썰매 밤나무 숲
빨랫줄에서 말린 대구 텅 빈 배 속에서
걸어 나오시던 제사 구멍 환한 돌담
무화과나무 장수하늘소 소국
황금사철 그대로 들어 있는 타임캡슐
바닥에 떨어뜨리면 공처럼 튀어 오르리라
할아버지의 할아버지 때부터 대패질해 온
바다 가없는 얼음판 위에 살짝 놓으면
끝없이 굴러가리라
수평선 붉게 물들였다가 중년의 허공에
추석 달 하나 밀어 올리리라
마음의 폐지廢紙에 뚝뚝 떨어지는
추억의 과즙이여!

절해고도
— 섬 1

트림하는 허무의 아가리 속에

아! 절해고도

진흙을 억만년 깎아 만든

혼의 무쇠

소나무 시커먼 몸통에 각도刻刀를 밀어 넣어

엄동 지리산 계곡을 그리는

바람이 매 발톱으로 판

바위의 자궁 속으로 들어가

첫 사람이 되고 싶다

아! 절해고도

지지地誌
— 섬 2

 지지地誌! 특정 지역의 자연 인문 현상을 백과사전식으로 기록한 책! 이 지루한 낱말이 낭만적으로 느껴지는 이유는? 샅샅이 훑어 지지 하나 만들고 싶은 무엇이 아직 있기 때문일까? 몽당연필 같은 길 한 도막이라는 생에 주름을 잡아 송충이처럼 어슬렁거리고 싶은 데가 아직 있기 때문일까? 풋내 나는 나뭇잎이나 골짜기 많은 줄기가? 복숭아 단물 흥건한 처녀 마음이? 꽃술 늘어뜨린 백합 보지 구멍이? 불개미 떼 들끓는 무화과의 심장이? 온몸의 주름 빨판 되어 핥고 싶은 땅의 주름이 아직 있기 때문일까? 물의 주름이?

 바다에 송충이 한 마리 붙어 있다
 당신의 아득한 심연에 끌려

충무농기계수리센터
— 섬 3

자격증도 없는 요리사가
마구 휘저어 놓은 역사歷史?
집도 절도 꼬리도 없는
잡견의 몸에 쌓인 가계도?
거인족의 식탁에 놓인
식은 내장탕?
항구의 다방 나병 걸린 벽에서 뚝뚝 떨어지는
성욕 같은 기름과 녹의 비빔밥 속에서
손이 움직인다
급체든 연애든 만성두통이든 꽉 막힌 세상사든
바늘 하나 꺼내 단숨에 풀어 버리던
까막눈 할머니의 손을 닮은
흙을 똥을 살을 피를 전쟁을 말 못하는 소의 배를
일일이 만져 지문 지우며 스며든 지혜
굳은살로 박여 있던 묵정밭 손을 닮은
법전도 노동조합도 외국어도 모르는
평생 쓴 장갑 같은
손이 움직인다

벚꽃의 시간
— 섬 4

수의壽衣 펼쳐 들고 있는
시간 없는 허공에서 수육受肉한
시간의 섬

수의 위에 누워 있는
르누아르의 욕녀浴女 같은
시간의 육덕

검은 입에 씹힌다
숭어회 촉촉한 살점들

폐가
— 섬 5

금화 같은 소국 피우며
유년이 살았던 슬레이트 집
통째로 삭아
젓갈 한 동이

체로 걸러 내니
부장副葬된 시간의 사금들
은은한 별자리들

마른 손금으로 뭉친다
어금니 파헤쳐진 골짜기에 심는다

씹어 내야 할
질긴 가죽 같은 길……

시작詩作
— 섬 6

잉카제국에서 시집온
눈썹을 뜯어 붙인 행
아브라함이 이삭을 낳듯
숯 덩어리가 숯을 낳고
자루에 설탕 가득 찬
말벌 떼 꿈틀거린다
코뚜레 풀린 파도
행간을 흘러 다닌다

젊음
― 섬 7

허공에 핀 담뱃불 같은 것
공복이 빨아 당겼다가
연기로 뱉어 버린
붉은 꽃 한 송이 같은 것
재떨이에 수북이 쌓인
화분花粉 같은 것

불두화
— 섬 8

실뿌리 허공에 내리기 시작하는
신록처럼 번지기 시작하는
첫사랑의 징후 살구 맛 나는 며칠을
뭉쳐 놓은 솜사탕
흙내 한 톨 스며들지 않은
하얀 섬!

수난일
— 섬 9

벚꽃 속에 숨어 있는
섬
사지 잘린 길
하늘로 솟아오르는 줄기
사람에게로 가는 가지
모두 잘린
길의 시체
아버지도 어부들도 없는
별도 달도 없는
길의 밤
밤의 배꼽에 못 박힌
섬
절해고도
슬픔의 티 하나 없는 꽃잎에 귀를 대면
엘리……

제2부
사랑의 전설

대나무 숲 속을 걷다가

　말구리 마을 대나무 숲 속을 걷다가 마음의 얼레에 감아 두었던 어린 시절 소풍 길 다시 풀어 놓은 길 휘파람 불며 걷다가

　한려수도에 파닥거리는 은빛 길 하나 만들며 뜨는 달이 중천까지 끌고 오는 곡선처럼 휜 대나무 에메랄드빛 남해 한 동이가 하늘로 걸어 올라가 만든 길 같은 대나무 앞에 한참 서 있었습니다

　땅의 무엇이 대나무 곧은 허리를 휘어지게 했을까요 땅을 향해 휘어진 길이 어떻게 하늘을 향한 푸른 활이 되었을까요 당신을 향해 휘어지기 시작한 내 길도 푸른 하늘을 향해 당겨진 가슴이 될 수 있을까요

　내가 당신을 사랑하는 것이 하늘을 등지고 저기 음낭 속 섬의 등에 돋아난 수해樹海를 헤매는 것이 아니라

당신을 통째로 삼킬 것입니다

　재래시장 바닥에 앉아 지나가는 손님 애타게 바라보는 할머니 양파 비파 마늘 가난하게 펼쳐 놓은 할머니 무릎 툭 튀어나온 몸뻬는 소로* 월든 자발적 가난 운운했던 간밤의 술자리를 머쓱하게 만들었습니다 탁주 한 사발에 양념 조미료 떡칠이 된 김치 우적우적 씹어 먹는 뱃사람들 선상 조식 곁에서 깐깐한 무염식 찾아다니는 생은 힐끔힐끔 눈치를 봤습니다 동이 서융 남만 북적 오랑캐 시커먼 봉두난발 앞에 선 어설픈 땡추 머리 같았다고나 할까요 적장을 삶아 고깃국으로 먹는 고대의 식성 앞에 선 희멀건 채식주의자 같았다고나 할까요 잇바디 사나운 상어 배 속 출렁거리는 대양 앞에서 합죽이 입 뻐금거리는 붕어 같았다고나 할까요 합죽이 입으로 뱉어 온 내 모든 사랑이 부끄러워졌습니다

　돌아가 다시 당신을 만나면 뭣 빼고 뭣 빼고 하는 까다로운 입맛 따위 회膾 쳐 먹어 버리고 당신을 통째로

삼킬 것입니다

---

* 소로(Henry David Thoreau) : 19세기 미국의 사상가, 문필가. 저서로 『월든』 『시민 불복종』 등이 있음.

문안

 파란 물 뚝뚝 떨어지는 당신의 편지를 보고 산해경을 뒤적거렸습니다 가슴앓이에 좋다는 것 몇 찾아봐도 이름 낯설고 별로 신통치 않아 보여 하릴없이 길 나섰습니다

 아파트가 들어서려는지 늘 다니던 골목길도 종려나무 우뚝하던 슬레이트 집들도 거의 지워졌고 콘크리트 철근 뒹구는 풍장風葬 복판에 아직 지워지지 않은 집 한 채만 서 있습니다 가슴에 박혀 있는 비파나무 동백나무 껴안고 마음 졸이며 서 있습니다 사면초가 속에서 항우가 우희 때문에 눈물 흘리고 서 있습니다

 한참을 걸어 다시 산해 속을 뒤적거립니다 억새꽃 성운星雲처럼 피어 있습니다 딱따구리 굴참나무 쪼아대는 소리 목탁 소리보다 환합니다 당신 마음결 같은 모래톱 위로 작은 물새 걸어갑니다 허공의 무게로 발자국도 없이 건너갑니다 이 산과 해를 빚어 환 몇 알 만들어 동봉합니다 부디 차도가 있으시길……

비 맞은 마음아

 어디로 갈까 비 맞은 마음아 관동팔경 두루 돌아 울진 망양정으로 갈까 망망대해 흔들며 쩌렁쩌렁 떠오르는 햇살에 말리러 갈까 지리산 줄기 타고 세석 돌밭으로 갈까 연진이 풀무질하는 철쭉 잉걸 가에서 곁불이나 쬐고 올까 설악산 다 태우는 만추의 화염 속으로 들어가 버릴까 집도 절도 애인도 돌아보지 않고 들어가 버릴까 사리도 저승도 한 줌 재도 없이 사라져 버릴까 어디로 갈까 비 맞은 마음아 어릴 적 멱 감던 원문만 자궁 속으로 갈까 자궁 끝에 혹처럼 돋은 은빛 바위로 갈까 젖은 가슴 꺼내 바위 위에 널어놓고 바위 샅에 세 들어 사는 송사리 떼와 어울려 다닐까 하염없이 놀다가 송사리 비늘이나 되어 버릴까 비 맞은 마음아 어디로 갈까 저기 피어 있는 참깨꽃 속으로 들어갈까 연분홍 환한 동굴 속에서 그냥 잠이나 잘까 석청에 취한 산사람처럼 다디단 잠이나 잘까

꽃밭이나 하나 만들어

  명함 앞마당 뒷마당에 빽빽이 심어 놓은 것들 잎도 꽃도 피지 않는 것들 모두 뽑아 버리고 마음이 빈 흙마당 되면 초등학교 사 학년 때였던가 복사꽃 유난히 환했던 그 봄날 오전 수업 마치고 돌아오던 날 무쇠 솥뚜껑 뒤집어 놓고 어머니 지짐이 부치시던 그 순한 흙마당 되면 어릴 적 멱 감던 바닷가에서 여태 백수건달로 뒹굴고 있는 돌멩이들 불러올려 듬성듬성 울타리 두르고 꽃밭이나 하나 만들어 봄 편지 들고 오는 매화도 심고 문 닫아도 선선한 향기 도둑처럼 걸어 들어오는 황국도 심고 겨울 내내 은은한 천리향도 심고 바람이 놀러 오면 바람 되어 놀고 반딧불이 놀러 오면 별이 되어 놀고 사랑이 놀러 오면 주먹만 한 새집도 한 채 짓고 사랑이 떠나가면 봉선화 골방에 처박혀 시詩도 한 채 짓고

춘삼월

 눈이 꺼먼 사내가 산골을 한 짐 지고 내려올 것만 같다 삼국유사를 담아 둔 곰 가죽으로 만든 자루가 터져 새어 나온 이야기들이 첩첩 쌓인 도화 비늘 아래로 흘러가는 골짜기를 흘러가다 고인 웅덩이에는 이무기 몇 마리가 살고 있는 골짜기를 사군자도 선비도 싹이 나지 않은 골짜기를 삶도 죽음도 독한 종교도 스며들지 못한 골짜기를 등짝 아프면 쑥떡 하나 꺼내 우적우적 씹어 먹고 목이 마르면 시냇물 손으로 퍼 마시며 눈이 꺼먼 사내가 행복도 불행도 꽃말도 태어나지 않은 골짜기를 너도 나도 울타리도 태어나지 않은 골짜기를 꽃 피면 그냥 마음 울긋불긋 물드는 그런 처녀 총각들 모여 사는 산골짜기를 기역 자 한 마리 숨어 살지 않는 숯검정 머리털 치렁치렁한 사내가

평상

왕이라면 포석정이나 경회루쯤에서 궁녀 끼고 주지육림 술판도 벌려 보겠지만 자나 호 패물처럼 달고 다니는 양반이라도 된다면 식영정이나 소쇄원쯤에서 바람 소리에 거문고 줄 고르는 척도 하겠지만 돈이 주主인 세상 주 은혜 풍성하다면 요트 할리데이비슨 콘도 골프 회원권 따위 계급장처럼 달고 다녀도 보겠지만 왕도 양반도 아니고 충성된 종도 아닌 내 형편에는 돼지고기 오리고기 구워 배 터지게 먹고 낮잠 자다 소나기 맞는 평상 하나가 사치입니다 우주와 터놓고 지내는 호도 자도 본이름도 없는 평상 하나가 내 무위입니다 모자라는 놈 실성한 놈 말 더듬는 놈 한쪽 다리 짧은 놈 왼손잡이 곰배팔 태몽 없이 태어난 놈 운명이 비빔밥이 된 놈 모두 들락거리는 평상 하나가 내 이념입니다

개다리소반

　귀거래사 읊으며 낙향한 도연명을 불러 볼까요 하림궁에서 가야금 줄 고르는 우륵을 불러 볼까요 가야산 홍류동에서 바둑 두는 신선 최치원을 불러 볼까요 소 타고 박주산채 타령하는 한호를 불러 볼까요 묵 타령하는 목월을 불러 볼까요 두 마장 원문고개까지 탁주 심부름시키던 외할배를 불러 볼까요 건강 만세 장수 만세에 차꼬 차인 아버지를 불러 볼까요 생태학이다 무소유다 떠들고 다니는 김 교수를 불러 볼까요 김 교수 마누라 출렁거리는 뱃살을 불러 볼까요 만성질환 성인병 앓고 있는 지구를 불러 볼까요

　토종 막걸리 한 사발에 삶은 돼지고기 몇 점 집어 먹습니다 초가을 하늘에 뿌려 놓은 천일염에 찍어 먹습니다 저기 시간 태우고 흘러가는 돛배 사공 불러 마시고 싶은 밤입니다 닻 내리고 허리띠 풀어 놓고 마시고 싶은 밤입니다

섭패*

 바람의 일생은 섬을 깎는 일입니다 깎고 깎아 새끼 주렁주렁 달린 고대 여인의 젖가슴을 만드는 일입니다 느릿느릿 헤엄쳐 다니는 거북이를 만드는 일입니다 거북을 꽃 피워 구름을 만드는 일입니다

 파도의 일생은 뿔 난 돌을 깎는 일입니다 깎고 깎아 반질반질한 목탁을 만드는 일입니다 송아지 눈알만 한 염주 알을 만드는 일입니다 염주 알을 쓸고 다니며 한여름 밤 선선한 서리를 만드는 일입니다

 전복 껍데기를 자르고 다듬어 자개를 만드는 일생도 있습니다 무지개 환환 자개를 위해 귀먹고 지문 모두 사라진 일생도 있습니다

 나의 일생도 무엇을 깎고 있다면 어떤 바람에 파도에 통째로 깎이고 있다면 내 손가락 지문들 다 없어지는 날 돛배 한 척 태어났으면 합니다 몸에 시거리 두르고 흘러가는 달빛 담고 흘러가는 질그릇 하나 태어났

으면 합니다

---

*섭패 : 전복 껍데기 따위로 자개를 만드는 과정.

칼

　　일휘소탕一揮掃蕩 혈염산하血染山河! 충무공의 칼 너무 무거워 들 수 있는 팔이 없소 내명자경內明者敬 외단자의外斷者義! 남명의 단검 너무 서늘하여 차고 다닐 혼이 없소 조직폭력배들 애용하는 회칼 한 자루 품고 다니자니 돈 되는 곳이면 아무 데나 푹푹 쑤시고 다니는 천민자본주의 생각이 나서 거북하오 삭도요? 허허 마누라 자식 딸린 놈이 중은 무슨…… 내게는 정글도가 딱 맞소 길 없는 처녀림 이름 없는 꽃가루 알몸에 묻혀 가며 길들려는 마음 야수파의 물감으로 칠해 가며 디아나처럼 헤매고 다닐 정글도 하나면 족하오

술

  떠도는 나그네 농무濃霧의 밤에 피우는 환한 무적霧笛이여 민들레 대가리에 덕지덕지 붙은 홀씨 같은 사념 한 방에 털어 내는 도깨비 방망이여 밥벌이가 거세한 혼을 고구려로 몽골 초원으로 태우고 가는 안장 없는 말이여 비너스를 낳듯 시인을 출산하는 거품이여 하루가 떨군 밤송이를 슬그머니 에워싸 연소시키는 연꽃이여 사리도 불알도 남기지 않는 무자비한 해탈이여 타는 목마름이여 무한 독재여 창살 없는 감옥이여 날마다 헤어지는 애인이여 십 리도 못 가 발병 나 다시 돌아오는 애인이여

늦은 가을 이맘때쯤

먼 옛날 경주 남산 서쪽에 살던 사람 어느 날 집 동쪽 시냇가에서 놀다가 수달 한 마리 잡아먹고 절로 갔습니다 살 다 먹히고 버려진 뼈 다시 일어나 집으로 간 수달을 보고 밤새도록 피 흘리며 걸어가 새끼 다섯 마리 뼈로 안고 있던 수달을 보고 경주 남산 기슭에 살던 사람 머리 깎고 중이 되었습니다 아마도 이맘때쯤 나무들 이파리 모두 지워진 늦은 가을 이맘때쯤 경주 남산 서쪽 기슭에 살던 그 사람 살 벗어 놓고 뼈로 걸어 나갔습니다

---

* 『삼국유사』 혜통惠通 이야기에서.

잡아먹고 싶다

풀을 뜯어 먹고 사는 사람 풀이 된다 산에 묻혀 사는 사람 산이 된다 피를 마시고 사는 사람 핏줄 속엔 염천지옥! 사람을 잡아먹으면 사람이 될까? 성인을 잡아먹으면 성인이 되고 바보를 잡아먹으면 바보가 될까? 처녀를 잡아먹으면 처녀가 될까? 만약 된다면 산골에 사는 숫총각 한 놈 잡아먹고 싶다 아니다 소를 한 마리 잡아먹고 싶다 사방 들이받고 다니는 수놈 말고 허리남도 산허리처럼 굽은 늙은 암소 한 마리 잡아먹고 싶다 소 눈알로 다시 태어나고 싶다 닳고 닳아 성자聖者가 된 소 발굽으로 다시 태어나고 싶다

파도의 노래
— 사랑의 전설 1

파선된 목선들 영원에도 삭지 않을
사체로 박혀 있는 기슭
누구의 말[言]도 발 디디지 못한 기슭에 끌려
나 그대에게로 가리
태풍도 염천지옥도 막지 못할 가슴에 밀려
힘센 달이 소매를 끌어당겨도
다시 놓아줄 수밖에 없는 그리움에 밀려
나 그대에게로 가리
그대 마음의 기슭 삭을 때까지
목선들도 목선의 살 속에 박힌 대못들도
모두 삭을 때까지
태초의 흙으로 삭아 누구의 말이 밟아도
이른 아침 첫눈 밟는 소리가 날 때까지
이유도 이정표도 없는 사랑에 밀려

실성한 주막
— 사랑의 전설 2

오거라 망망한 바다 술 취한 망나니로 떠돌던
바람아 마누라 새끼들 다 도망가고 이빨마저 도망간
바람아 박 바가지 하나 들고 백발 거지 되어
오거라 장작불로 개장국 끓여 주마
복숭아뼈 익는 구들장에서 백만 년 재워
보리밭 끝없는 네 고향으로 보내 주마
캄캄한 구름아 장대비로 울며불며
오거라 아름드리 살구나무 활짝 핀 꽃으로 서서
흠씬 두들겨 맞아 주마
흠뻑 네 눈물 머금고 꽃비 되어 주마
네 슬픔의 자궁까지 흘러가 주마
오거라 세상에 다 털린 사람아 실성한 동무야
술값도 밥값도 계산도 모르는 실성한 주막 되어
나 여기 있으니

적덕 고모
— 사랑의 전설 3

개망나니 지아비 진창에 싸질러 놓은 하루치 생을
지문 닳은 손으로 주워 모으면 시골 마당
찌그러진 세숫대야 가득한 똥개 밥 한 그릇
삼생이 잡탕 된 고봉의 똥개 밥 한 그릇
용왕도 천신도 비워 주지 않는 지은이도 심청이도 닦아 주지 않는
똥개 밥 한 그릇 부뚜막에 쪼그리고 앉아 비우고 닦아 온
긴 세월 이제 일장춘몽이라 느껴지는 쪼그랑박 팔순
평생 비우고 닦아 온 지아비 그릇에 이제 쌀 반
보리 반으로 지은 밥이나마 담기는데
당신 그릇은 어디에 있나요
제 그릇 다 찾은 당신 아들딸 모두 찾으라고 성화 부리는
당신 그릇은 어디에 있나요
그럴 때는 늘 웃기만 하는 그릇이 뭔지도 모르고 웃기만 하는

당신은 지금 갯벌에 있습니다
억만 생이 구멍 파 숨 쉬고 살아가는 갯벌
가슴 파고들어 살아가는 것들의 숨을 제 숨으로 삼는
갯벌 한가운데 기역 자로 굽어 있습니다

전혁림 화백의 팔레트
— 사랑의 전설 4

 당신이 풀어 놓고 싶었던 바람 당신이 흩어 놓고 싶었던 풀밭 당신이 밀어 올리고 싶었던 태양은 처녀티 발갛게 남아 있던 내 볼에서 비벼져 맑은 아침이 되어 걸어왔습니다 당신이 새참으로 먹고 싶어 했던 색채는 오월의 깊은 자궁이 익힌 색채는 손금 지워져 가는 내 손바닥의 온기 묻은 채 허리 굵은 조선 처녀가 한 광주리 이고 갔습니다 당신이 짜내고 싶었던 하늘은 하늘의 혼은 목백일홍 노을 두른 내 앞마당에 이슬로 떨어져 첫새벽을 적시다가 만다라로 피어올랐습니다 당신이 풀어 놓았던 당신은 당산나무 그늘 밑 평상 같은 내 가슴에 잠시 앉아 머물다가 코발트블루 그 영원 속으로 떠났습니다

 내게 남은 것은 발자국들
 당신이 맨발로 찍고 간 발자국들뿐

 어쩌면 당신의 숨결인

바람만이 비문인 이 세상에 남긴

당신의 비문인

티눈 박인 당신의 발자국들뿐

이를 어찌할까요
— 사랑의 전설 5

하데스가 다스리는 곳에서 그림자로 떠도는 망자들 제물의 피를 마시면 뭉개져 있던 이목구비 다시 또렷해집니다 신세타령도 하고 이승의 안부도 묻습니다 먹고사느라 바쁜 산 사람의 기억 속에서 흐릿한 그림자로 살던 이 땅의 망자들 제상의 흰 쌀밥 이승에서 먹어보지도 못한 큰 생선 정종 곁들인 상에 다시 돌아옵니다 가문 시절 밤새워 논두렁 지키던 이야기 일본 놈들에게 대구 어장 빼앗긴 이야기 밤에 마실 가다가 독사에 물려 죽을 뻔한 이야기 한참을 늘어놓다가 산 사람의 머리 한 번 쓰다듬어 주고 새벽녘에 다시 그림자로 돌아갑니다

그림자에게 신체발부를 주려면 제물이 있든지 큰 상차림이 있든지 해야 하는 모양입니다 물론 별이 된 어떤 시인은 이름만 부르면 그림자가 꽃이 된다고 합니다 그림자에 지나지 않은 당신의 이름만 부르면 당신이 살과 피가 된다고 합니다 하나 나는 별도 아니고 마

법사도 아닙니다 잡을 제물도 큰상 차릴 돈도 없습니다 이를 어찌할까요 당신을 꽃으로 만들고 싶은데 이를 어찌할까요

 내 살을 떼어 드려도 될까요? 내 피를 뽑아 드려도 될까요?

어떤 울음
— 사랑의 전설 6

로마 교회에 보내는 바울의 편지를 읽다가 문득 그저께 헐린 까치집이 생각났습니다 날개 여물지 못해 날아오르지 못하고 절뚝거리며 땅을 헤매는 새끼 주변을 맴돌던 어미의 쉰 목청 생각이 났습니다 사랑과 율법에 대한 사도의 뜨겁게 날 선 문장을 읽다가 새끼 까치를 위해 빈 꽃바구니로 새집을 지어 준 아장아장 걷던 아이와 젊은 엄마 생각이 났습니다 새집에서 얼마 살지 못하고 떨어져 죽은 새끼 곁에 해종일 앉아 돌에 부리를 찧어 대며 퍼덕거리던 어미 생각이 났습니다

경전 한 권을 다 읽고 나면 저 쉰 목청까지 빈 꽃바구니까지 돌에 찧는 부리까지 가는 길이 보일까요 경전 한 권을 다 외우고 나면 길 끊어진 곳에서 물고기와 자라가 떠올라 다리를 만들어 줄까요

세상 어미들 울음이 처음 솟아난 그 샘까지 가고 싶은 밤입니다 잃어버린 성배를 찾는 기사처럼

어떤 기슭
— 사랑의 전설 7

아득한 허공을 걸어온 달빛 잔물결에 부서져
철 만난 멸치 떼처럼 파닥거린다
늙은 고래의 마지막 숨소리를 흘리고 잦아드는 파도
박해 받는 이교도들의 헐거 진흙 구멍 속에는
발이 붉은 게들의 얇은 잠 긴 꼬리 끌며
지워진 별들의 내생來生 석화로 피어난 바위에
막막한 길 하나를 걸치니
보인다 그대 가슴에 안긴 것들이
끌고 갈 고단한 길조차 없는 것들이

관흉국貫匈國*세상이라
성자도 어머니도 멸종된 지 오래인데
하나님은 여전히 사랑이신가!
그 누구도 내치지 않는
그대 출구 없는 품이여

---

*관흉국 : 『산해경』에 나오는 나라. 가슴에 구멍이 뚫린 사람들이 산다.

제3부
텃개

이곳에는

사흘 춥습니다 바람에서 매운 무 밑동 맛이 납니다 지난가을에 씨 뿌린 겨울 배추 시금치 바짝 엎드려 있습니다 알몸에 서리 눈망울 또렷합니다 물의 찌끼만 남은 노년의 시래기들 난민처럼 흩어져 있습니다 수직의 삶은 여기 없습니다 수직의 삶이 기어오를 벼랑도 수직의 삶이 바라볼 만년설 이고 있는 산정도 여기에는 없습니다 삶을 수직으로 밀어 올릴 끓는 물도 여기에는 없습니다 이곳에는 수평의 삶들 벼 그루터기같이 총총히 박혀 있을 뿐입니다 이들 마구 그림자 늘여도 붉은 흙 따뜻하고 넉넉할 뿐입니다 늘 혼자인 당신의 그림자 포근히 깃들일 가슴 하나 먼 산 너머 바라보고 있을 뿐입니다

촌놈

    돌담 넘어오세요 칡뿌리 캐 먹고 자란 놈이라 칡뿌리에 덕지덕지 묻은 흙까지 먹고 자란 놈이라 금덩어리는 없어도 마당은 서너 평 있습니다 국화든 쑥이든 가리지 않고 자라는 흙 마당 서너 평 있습니다 구멍 숭숭 돌담 넘어오세요 산골짝 물 떠먹고 자란 놈이라 진달래로 배 채우며 자란 놈이라 입은 없어도 불은 한 자루 있습니다 누구의 등도 데우지 않은 숫총각 불잉걸 한 자루 있습니다 집 없는 산들바람 낙태한 달 족보 없는 돌배나무 모두 넘어오는 돌담 훌쩍 넘어오세요 내 구들장에 안기면 딱 사흘만 안기면 새순 돋아납니다 고사목 같은 당신의 복사뼈에도 새순 돋아납니다 두리번거리지 마세요 그냥 넘어오세요

바보

　바보는 늙지 않는다 바보는 텃새다 여행을 모른다 바보에게는 과거가 달라붙지 않는다 미래도 미리 오지 않는다 바보는 흙을 닮았다 민들레 강아지풀 함부로 들락거리는 흙으로 담장을 두른 집을 닮았다 흙집 속에서 평생을 살다 간 할머니를 닮았다

　황토로 빚어진 할머니 누가 보아도 흙으로 빚어진 것을 알 수 있었던 할머니 쟁기가 갈고 간 살가죽 속에 소라고둥처럼 깃들였던 넋도 흙이었던 할머니……

　바보는 늘 웃는다 하늘만 맑아도 웃는다 바람만 일어도 웃는다 할머니 손으로 매던 남새밭 미루나무처럼 웃는다 미루나무 이파리마다 파닥거리던 빛 덩이들처럼 웃는다

여인

 갓 나던 고장 오래된 시장을 한 바퀴 돌았습니다 백석의 시집을 입으로 들어가 항문으로 나온 것 같습니다 마음 구석구석까지 비린내 자욱합니다 쥐뿔도 없는 이곳 사내들 늦은 가을 느티나무처럼 털어 내는 것들 몽당비로 쓸어 온 여인들 우리를 이끄는 영원히 여성적인 것이 무엇인지는 몰라도 이 땅을 이고 여기까지 온 것은 저 너덜너덜해진 여인들입니다 마흔다섯 해 동안 나를 키운 것도 팔 할이 여인입니다 갯내 자욱합니다 배추든 연탄이든 사글셋방이든 고해든 고해보다 몇 길 더 깊은 당신 가슴이든 가리지 않고 한 바지게 짊어질 수 있을 것도 같습니다

황토밭

　명절 때 못 한 어머니 무덤 벌초하고 돌아오는 길 저만치 아래 황토밭 한 뙈기 누워 있습니다 고구마 넝쿨 모두 걷어 낸 벌거벗은 흙은 살아 계실 적 어머니 마음의 나신 같습니다 참 신기하지요 여인은 어머니가 되면 흙이 됩니다 누가 가르쳐 주지 않아도 스스로 흙이 됩니다 쑥쑥 자라 큰 열매 맺어라 세상은 발기하는 것만 가르치는데 발기하지 못한 생은 죽은 고목에 붙어서 버섯처럼 살아가야 한다고 간도 쓸개도 없이 살아야 한다고 해도 달도 없이 살아야 한다고 으름장을 놓는데 밭이 되라고 흙이 되라고 아무도 가르치지 않는데 세상의 모든 어머니는 스스로 흙이 됩니다 슬그머니 들어가 밟아 보는 붉은 밭 한 뙈기 성자의 붉은 혓바닥 같습니다 목소리 쩌렁쩌렁합니다

지팡이

 기역 자 할머니 폐지 가득 포개 싣고 정량천 건너갑니다 도와주려 해도 손사래 치며 달팽이처럼 건너갑니다 리어카 없이는 한 발자국도 갈 수 없다고 합니다 늙은 리어카에 기대야 집에까지 간다고 합니다 평생 밀고 다닌 짐이 지팡이가 된 것입니다 다리가 된 것입니다 오십 넘은 아들 바나나우유 빨리며 데리고 다니는 옆집 할머니 이제 코 흘리는 아들 지팡이 삼아 짚고 다닙니다 손잡고 시장도 보고 노인정에도 갑니다

 쓴 운명 그냥 끌고 다니는 사람 마음에 쌓인 언덕 늦은 봄 저녁 같은 언덕이 아름답습니다

 발기된 생만이 지팡이가 될 수 있다기에 더 단단하게 발기되지 않으면 지팡이가 될 수 없다기에 지팡이 없이는 걸어 다닐 수 없는 세상이라기에 이 땅에 태어나 지팡이 만들다 보낸 세월 제법 울창한 한 그루의 세월 이제 낙엽 지우렵니다

헷갈립니다

 사람 변하는 게 어렵다는 것쯤은 알지요 어느 섬나라 세 구멍에서 세 성姓 튀어나오듯 새 사람이 불쑥 튀어나오는 게 아니라는 것쯤은 잘 알지요 불혹 지나고 비위도 좋아졌지요 속俗의 밥에 성聖의 고추장 비벼 내놓는 밥 한 그릇 정도는 눈 뜨고 뚝딱 먹어 치울 수 있지요 정치인의 자선에 이마를 찌푸리지도 않고요 벤츠를 모는 주의 종들과 허허 웃으며 악수도 하지요 불혹 지났으니까요 돈에는 울어도 사랑에 속지는 않지요

 그런데 말입니다 종묘상에서 가끔 만나는 손이 있는데요 미혼모가 갓 낳은 애기 같은 모종들을 수시로 집어 가는 손이 있는데요 쭈글쭈글한 손이 가꾸는 늙은 밭이 있는데요 불혹 벌써 지나 묵은 체 같은 마음이 자꾸 헷갈립니다

 왠지 그 밭에 홀알을 하나 묻어 보고 싶어집니다 눈먼 망치에 허리 다친 못 하나를 심어 보고 싶어집니다

네게 복이 있도다

 막둥이 빠진 이 심어 놓은 곳에서 송곳니들이 다시 돋아난다 양념 치지 않은 말들이 마구 싹튼다 숲을 뭉쳐 쥐어짜면 풋사과의 과즙이 뚝뚝 떨어진다 뼈째 썰어 놓은 전어 살점이 녹차 새잎처럼 보드랍다

 시간을 씹는다 착하디착한 시간이여!

 역사의 진창에서 구겨진 마음들은 밤마다 전설로 돌아갔다 착한 물로 사타구니와 겨드랑이를 씻고 머리를 빗었다 옛 처녀들은 산기슭 연못 속으로 들어갔다 달과 함께 잉태되었다가 환한 달덩이로 다시 태어났다 구겨질 때마다 나는 어릴 적 시간의 한 도막 속으로 들어간다 물비늘 갑옷 입은 양수를 가르며 다시 세례를 받는다

 샘을 소유한 자여 네게 복이 있도다!

그때는

 평림동 돌아가는 길에서 흙탕물을 만났습니다 털털하고 정다웠던 어린 시절 길동무 외할아버지 마시던 시골 막걸리 같은 흙탕물을 만났습니다

 용궁으로 통하던 옛적 우물처럼 흙탕물 속으로 한참을 들어가면 소풍날이 한 채 있을 것만 같았습니다 칠성사이다에 김밥 먹던 날 김밥 속의 미나리 같던 날 멱감는 소년의 알몸 같던 소풍날이 이른 봄 새 풀잎처럼 흔들리고 있을 것만 같았습니다

 그때는 아침의 아들이었습니다 나가는 목선 황소 눈알 같은 목청에 공명하는 새끼 섬이었습니다 태초의 무수한 별 모두 쏟아진 아침 바다에서 출렁거리는 빛이었습니다

 그 아침 다시 돌아올까요? 가죽 자루에서 생을 꺼내 까치집에 담으면 지갑 지퍼를 열고 생을 꺼내 평상 위에 앉히면……

갯마을

아귀처럼 입 벌리고 쏟아 내던 것들
다 어디로 갔는가 내장 모두 들어내고
빨랫줄에 매달려 말라 가는 것들의
해탈 같은 고요
잦아들어 콩잎만 한 풍어제
주변을 기웃거리는 분칠한 갈매기들
부릅뜬 눈알이 무당 같다

두어 평 목선 소금기에 삭아
이생이 겨우 잡은 터 기울어도
물비늘 눈부셨던 시절에 마음 비비고
묶여 있는 사람들

잡견의 귀에 출렁거려 꼬리
바짝 내리게 하는 먼 뱃고동 소리에
무지개 비늘 새로 돋는 인어
지도에서 사라진 처녀들

시간의 이끼 융단 깔린 구절양장

접시꽃 가등 환하다

보리밭

한 움큼 산딸기 같은 울음을 토해 내는
문둥이가 살았다고 한다
증류된 바람이 태어나고
까투리가 낳은 온기와
눈에 까만 이슬을 박은 뱀이 동거한다
들판의 갈기
들판의 영혼
물결치는 푸른 신화 한 쪽
꿈틀거리는 공복의 자루가 되어 갉아 먹고 싶은
거대한 활엽수 이파리

잎맥에 솟아오른
복사꽃 무덤 속으로 들어간다
벽화에 숨어 있던 처녀들이 흘러나온다
춤추는 처녀들의 볼 속에서
봄의 과육이 익는다

들판에 못 박힌

등줄기 파인 소 한 마리
내장에 쌓인 순금의 시간을 꺼내
눈 감고 되새김질을 한다

텃밭

집 없는 고양이들의 열애가
가시나무 한 그루로 피었다 잦아든다
겨울 밤하늘 무성한
별자리에서 밀려난 무명의 성좌들이
무 이파리에 내려와 살고 있다
사람의 마을
보이지 않는 침엽수림에 찔린 가슴은
담뱃불 두어 점으로 타올랐다가
토종개 짖는 소리에 꺼진다

손등 갈라진 어린 시절을 쓰다듬어 주시던
할머니 손바닥의 온기 몇 평
사립문도 돌담도 주인도 없는
수수한 정情 한 뙈기
대충 던져 둔 성자의 누더기 한 벌

그대 앞에 펼쳐 놓고 싶은
내 마음의 멍석!

어떤 손
— 텃개* 1

    씨암탉 모가지 한칼에 날려 버리던 손 목 없이 달아나는 닭 텁석 잡아 오던 손 동네 잔칫날마다 중돼지 멱따던 손 돼지 목에서 철철 흘러나오는 선지피 삿으로 받아 마시던 손 명절 술자리 끝자락에 늘 멱살잡이하던 손 넝마주이 패거리 작살내던 손 저녁마다 마누라 군기 잡던 손 탁주 몇 병에 과부 논 한 마지기 신나게 갈아 주던 손 어금니보다 질긴 그루터기 한 바지게씩 파내 오던 손 그루터기보다 거칠던 손 대 깎아 방패연 기막히게 만들어 주던 손 토끼 덫 잘도 놓던 손 농어 새끼 돔 새끼 기차게 낚아 올리던 손

    역마살에 멱살 잡혀 원양어선 타다가 그만 잃어버린 손 망망한 난바다 떠돌다가 가끔씩 돌아와 내 볼을 어루만진다 오일장 콩엿 한 움큼 내놓던 손바닥으로 염천지옥 논바닥처럼 갈라진 중년을 쓰다듬는다

    잘 살고 있느냐?

---

* 텃개 : 통영에 있는 갯마을.

새미
— 텃개 2

한여름까지 기어 오다 보니 새삼 깨닫는 것은 여자의 후손이라는 것입니다 흙으로 지어졌다는 것입니다 뱀의 피가 어지간히 섞인 오랜 유전이 가죽띠로 허리를 묶고 있다는 사실입니다 용하다는 무당 작두 타고 풀쩍풀쩍 뛰어다니는 굿판에도 꿈쩍하지 않는 전생이 엉덩이 펑퍼짐한 바위 같은 전생이 군데군데 노루 덫 놓아둔 염천지옥까지 기어 오다 보니 부러운 것은 난생卵生입니다 하늘에서 뚝 떨어진 알 전생도 족보도 손금도 없는 태초에서 나와 첫발을 딛는 난생입니다

하지만 혁거세도 탈해도 주몽도 아닌 가여운 중생이라 난생은 난생 꿈도 꾼 적 없는 중생이라 수척해진 마음은 매미 울음 불볕같이 타오르는 목마른 꿈길을 걸어 텃개 동쪽 논배미 샛길 가에 있는 새미*로 갔습니다 사철 물 얼음 같았던 어릴 적 그 새미로 갔습니다 달아오른 목덜미를 씻고 바가지 가득한 물을 한 방울도 남김없이 마셨습니다 그래도 모자람이 있었는지 아

예 알몸으로 새미 속으로 들어갔습니다 태아처럼 눈 감고 한참을 있다가 나왔습니다

   그새 요한의 세례를 받았던 것일까요 너덜너덜 넝마 같았던 마음 등짝에 새순 같은 날개가 돋아났습니다 새끼 메뚜기가 되어 한 치의 연록이 되어 꿈속을 톡톡 튀어 다니고 있었습니다

---

* 새미 : 샘과 같은 뜻의 통영 사투리.

부표
— 텃개 3

 바람 부는 날 줄 끊어진 부표 하나를 주워 오면 삼백 원을 받았습니다 삼양라면 여섯 개를 살 수 있는 돈이었습니다 초등학교를 졸업하면 마산 한일합섬에 시다로 일하러 가는 또래들이 태반이었습니다 추석이나 설에만 잠시 보이는 그네들 얼굴이 하얀 부표 같았습니다 책을 들지 않아도 되는 그네들의 하루가 부표처럼 가볍게 여겨져 내심 부럽기도 했습니다 토막 난 채 기슭에 처박힌 부표들 불러 주는 배 하나도 없어 아침부터 외상술 집에 처박혀 사는 외팔이 아재 같은 부표들을 모아 뗏목을 만들었습니다 하루에 버스 일곱 대 들어오는 시골 촌놈의 사춘기는 뗏목을 타고 오디세우스처럼 떠돌아다녔습니다 나를 태우고 다니던 뗏목은 뒷산 벚나무 한 그루 꽃잎 다 벗어 버린 어느 날 슬그머니 내 곁을 떠났습니다 뗏목과 함께 부표도 떠났습니다

 한참 보이지 않던 부표가 아주 가끔 자맥질하는 해

녀 위에 박꽃으로 피어 있곤 하던 부표가 저기 외딴 기슭에 모여 있습니다 이제는 주워 팔 고사리손들도 없는지 아침 드라마 속 운명들처럼 얽힌 마른 해초들 사이에 끼어 살고 있습니다

  고향이 탯줄이 되어 주지 못한 벗들 생각이 납니다 난마의 세상 어느 기슭에 쓸려 가 있는지 오래 소식 끊어진 벗들 생각이 납니다 밟히고 부서져도 상처가 칼날이 될 수 없는 벗들 우악스런 손아귀를 향한 사금파리조차 될 수 없는 벗들······

복사꽃
— 텃개 4

 탁주 몇 병에 셈 아주 잊어버린 엿장수 가위질 따라 슬금슬금 들어와 동네 어른들 눈치도 좀 보다가 비틀거리는 아이들 자전거 뒤에 타고 놀다가 살얼음 진창길에 넘어져 혼도 좀 났다가 비실거리는 볕바라기 똥개 내다 팔고 중병아리 토끼 몇 마리 사서 토끼장 닭장도 만들어 보다가 서툰 망치질에 엄지손가락 멍도 좀 들었다가 어느덧 딸부자 집 둘석이네 아름드리 복숭아나무에 둥지를 친 그해 봄은 눈 부리부리한 장끼 찌렁찌렁한 울음으로 번졌습니다 생원도 처사도 오래전에 말라 버린 족보 없는 마을에 가야의 미소로 번졌습니다 달덩어리 순덕이 방글거리는 웃음으로 번졌습니다 과년한 둘석이 큰언니 흐벅진 살결로 번졌습니다

 까까머리 사춘기들 벌겋게 물들였다가 멀리 시집가 버린 둘석이 큰언니 따라 저녁노을 속으로 사라져 버린 그해 그 꽃잎들 내 마음 마당 한쪽 구석에 지금도 모여 있습니다 그 꽃잎들 피워 올리는 불잉걸 환합니

다 끝없는 장마의 세월 눅눅히 젖어 가는 생을 말려 줍니다 숙명의 자맥질 인생 아랑곳하지 않고 늘 보송보송한 물오리 깃털처럼 말려 줍니다

순자
— 텃개 5

 신격화된 구렁이가 일 년에 두어 번 어슬렁어슬렁 돌담을 넘어갔습니다 비 갠 아침마다 길가에 버려진 젖먹이 화분이 제 발로 걸어 들어와 있었습니다 처마 밑에는 제비가 둥지를 틀어 허연 제비 똥이 대문니 하나가 없는 어머니 밥상머리에 떨어지곤 했습니다 다리 저는 개나 꼬리 잘린 고양이가 들어오면 금방 살이 올랐습니다 감꽃 피는 봄에는 동냥 온 외팔이 외다리 상이군인들이 마당 평상에 반나절 제 집처럼 앉았다 갔습니다 퍼런 눈언저리 가실 날 없는 옆집 새댁 전라도에서 시집온 새댁은 저녁마다 피난 와서 가슴을 다 토해 내곤 했습니다 새댁이 토해 놓고 간 지네들은 암팡진 암탉이 뛰어와 걸신들린 듯 쪼아 먹었습니다 몽돌만 한 병아리들이 들락거리는 꽃밭 참나리 옥잠화 백일홍 가득한 꽃밭에는 강대나무를 심어도 새잎이 돋을 것만 같았습니다

 삶은 보리 한 톨 흘리지 않고 소담스레 담고 있는 대

소쿠리처럼 작은 생명 한 방울 흘리지 않았던 그 집에서 태어난 박꽃 같은 소녀는 물 한 방울 흘리지 않고 큰 물동이를 이고 다녔습니다

만삭의 봉오리 저절로 열리며
— 텃개 6

　폐경 지난 지 삼십 년 된 묵정밭 웃자란 억새를 벱니다 연연軟娟한 초식의 잠이 흘린 잠꼬대일까요 고라니 잔털 듬성듬성 묻어 있습니다 정든 단칸방 버리고 장끼가 날아오릅니다 내장에 가득 찬 황토 거칠게 내뱉으며 날아오릅니다 가시나무를 파냅니다 줄기가 어른 손목만 합니다 소녀를 아줌마로 만드는 세월은 하얀 종아리에나 감길 회초리를 허물 벗는 구렁이로 만들어 놓았습니다 칡넝쿨 싸리나무도 삼대를 멸족시킵니다 재개발 지역에서 벌어지는 싸움 같습니다 배 툭 튀어나온 박새가 싸움 구경을 합니다 한나절 싸움 끝에 가시나무 칡넝쿨 싸리나무 일족들 모두 능지처참하고 상수리나무 그늘에 앉아 목을 축입니다 장화에 묻은 흙 털어 내고 족보 없는 막걸리 두어 병 마십니다

　한데 어찌 된 일인가요 고수레 삼아 부어 준 막걸리 한 사발이 부풀어 올라 하얀 꽃봉오리가 됩니다 만삭의 봉오리 저절로 열리며 흙으로 지은 마을 하나가 걸

어 나옵니다 덮고 자던 꽃가루 툴툴 털어 내며 볼이 뽀얀 시절이 한 채 걸어 나옵니다

코스모스 길
— 텃개 7

그 코스모스 길 떠올라 눈 감고 걸었습니다 마을 어귀에서 초등학교까지 육 년 내내 걸어 다녔던 그 흙길 떠올라 한참을 다시 걸었습니다 추억이 모치처럼 퍼덕거렸습니다 튀어 오르는 몇 마리는 비늘이 몇 개인지도 알고 있는 놈들이었습니다 눈부신 은비늘 쓰다듬으며 걸었습니다 불쑥 돋아난 등지느러미 가시에 눈물 찔끔거리며 걸었습니다

제4부
서피랑

불알

두 다리 사이에 산 고기를 끼고 있는 것보다는 시장의 마른 고기를 지고 있는 게 낫다는 문수보살의 깨우침을 받은 후 다시는 말을 타지 않았다는 경흥 법사 이야기를 읽다가 나는 무엇을 타고 여기까지 왔는가? 돌아보니 나를 태우고 여기까지 온 것은 불알이었습니다 송아지만 한 소형차 한 대 화장시키고 두 다리로 걸어다니는 근황이 도포자락 휘날리며 학 타고 다니는 경지는 아니라도 깐깐한 딸깍발이 정도는 된다고 때로는 환관처럼 달콤한 혀로 내 마음을 핥아 주면서 불알은 나를 태우고 왔습니다 차 끓이기 좋은 계절에는 차 맛 운운하는 동갑내기 흉내나 한번 내 보라고 찻집에도 가끔씩 내려 주고 나무들 한 아름 안고 있던 살과 파도 모두 부어 버리고 서 있는 계절에는 나무들 뼈로 휘저어 놓은 허공 한 사발 떠먹어 보라고 권하기도 하면서 가죽 가마 속에 당달봉사처럼 나를 태우고 불알은 여기까지 왔습니다

불알 한 쪽

　대나무는 허공을 품고 허공은 도道를 낳는데 새는 알을 품고 알은 임금을 낳는데 춘향은 몽룡을 품고 아브라함은 이삭을 낳는데 사제는 천국을 품고 고승은 사리를 낳는데 사리는 어여쁜 탑을 낳는데 어화둥둥 내 사랑아 거타지가 품고 다닌 꽃처럼 애지중지 불알 한 쪽 몰래 품고 다니는 놈아 불알 한 쪽 발정 난 토끼가 앞니로 갉아 먹은 달 같은 불알 한 쪽 붉은 먼지 속에 두고 눈감을 놈아 까마귀가 주워 먹는지 까치가 주워 먹는지 힐끔힐끔 돌아보며 이 세상 떠날 놈아

불알 두 쪽

시간에도 늙지 않고 술도 취하지 않고 천하보다 귀하다는 사람을 통째로 삼켜도 트림조차 하지 않는 놈들이 내 두 눈을 점령할 것만 같다 눈감는 순간 일생이 망막을 흘러간다지만 보성 녹차에도 낚이지 않고 지리산 청학동에도 낚이지 않고 목탁에도 낚이지 않고 십계명에도 낚이지 않는 놈들이 용을 낚았다는 백마도 낚지 못할 놈들이 내 눈감을 때 두 눈동자에 박힐 것만 같다 스스로 짐朕이라 주主라 부르는 홍어 좆만 한 놈들이

나에게만 한눈팔고 살았구나

귀뚜라미 짖는 소리에 잠 십자가에 쫓겨난 귀신처럼 달아나 버리고 비 갠 밤하늘 또렷한 큰곰자리처럼 돋아나는 생각 하나 지금까지 나에게만 한눈팔고 살았구나 예수 말씀 읽는다고 두툼한 책 끼고 다닌 게 기껏해야 내 주린 배에 한눈판 것이었구나 부처 공자 그윽한 한문도 기껏해야 내 말[言] 머리에 동백기름 바른 것이었구나 하물며 산에 한눈판 게 인仁과 무슨 상관이며 물에 한눈판 게 지智와 무슨 상관인가 다 내게 한눈판 것 어떤 것은 돋보기 쓰고 어떤 것은 선글라스 끼고 어떤 것은 맨눈으로 한눈판 것 질리지도 않고 나에게만 한눈팔아 온 세월이 내 인생이었구나 너에게도 눈 좀 돌려 보라는 성인 말씀이 때때로 멱살 잡던 시절도 지나가 꿈속도 태평천국이니 이제 마음 놓고 한눈팔아도 되겠구나 네가 바다 백 리 너머로 떠나가든 말든 해 데리고 달마저 데리고 떠나가든 말든 영혼이야 캄캄한 밤이 되든 말든

하굣길

 재개발에 없어진다는 은정슈퍼 여든다섯 나이에도 셈 또렷한 할머니가 은은한 향 피워 놓고 가게 보는 은정슈퍼 곁을 흘러가는 하굣길 그 많았던 소녀들은 다 어디로 가고 빽빽한 가방 속에 하늘과 바람과 별과 시를 넣어 다니던 활짝 핀 코스모스 같았던 바람 건너가는 보리밭 같았던 그 많았던 소녀들은 다 어디로 가 버리고…… 배 툭 튀어나온 쥐 눈치도 안 보고 기어 다니는 재래시장 하수구 같은 하굣길 입에서 엄지손가락만 한 바퀴벌레 뱉어 대는 싸가지 없는 것들 구더기 떼처럼 우글우글 내려온다

새끼 고양이

  삶은 고구마를 던져 놓은 줄 알았다 가만히 들여다 보니 아랫배 부근이 꼼지락거린다 앓고 있는 것일까 시퍼렇게 바다를 건너오는 서풍에 찬란히 타오르는 황금 사람들의 예배를 받으며 꺼지지 않는 성화처럼 타오르는 만추의 황금나무 아래 한 알 앵두만 한 심장이 콩콩 뛰고 있다 시커먼 아스팔트를 딛고 직립할 뼈 하나 없이 태어난 한 줌 삶은 고구마 같은 생 앓는 것이 숨 쉬는 것이라 숨 쉬기 위해서라도 앓을 수밖에 없는 생이 갓길 양지 한쪽 구석에 얼굴을 박고 잠들어 있다 덮을 꿈 하나 없는 선잠의 옅은 맥박을 딛고 아이들이 지나간다 곰 세 마리를 부르며 지나간다 아빠 곰은 뚱뚱해 엄마 곰은 날씬해 아기 곰은 너무 귀여워……

거미집

  고모가 곱사등 지고 평생을 걸어간 골목길 남묘호렌게쿄 입속말에 섞어 홀로 삼킨 골목길 돌아가신 고모 배 속에 한참 있다가 다시 나와 커다란 거미집이 되었습니다 솔이끼 번진 시간을 날다 길 잃은 나비 한 마리 걸려 오래 파닥거립니다

우리는 소녀잖아요

 어둠에 안기지 않을 거예요 연탄재가 시커먼 멍처럼 박혀 있는 눈[雪]이 되지도 않을 거예요 눈먼 발길에 차이고 얼어 돌이 되지도 않을 거예요 지금은 품속에 있고 싶어요 양파를 안고 싹이 돋아나게 하는 물속에 있고 싶어요 볕이 드는 창가 유리컵 속에서 무지개로 피어나고 싶어요 개나리 지저귀는 담장 밑에 있고 싶어요 병아리 상자를 둘러싼 구슬들 속에서 재잘거리고 싶어요 열흘만이라도 따뜻하고 싶어요 환하고 싶어요 꽃들도 열흘은 활짝 붉잖아요 우리는 소녀잖아요! 열흘 정도는 속을 권리가 있잖아요?

---

* 조덕현 화백, 「Seoul 1960」에서.

자본주의

버려진 낫 하나 잡풀 속에 던져져 있다

이름 없는 이름을 알 필요도 없는
잡풀들을 베며 만들어 온 길 낫의 일생은
배 지나가고 다시 아문 바다처럼 흔적도 없다

낫이 베어 온 잡풀들의 피
악령처럼 들러붙어 낫과 함께 녹슨다
녹은 버려진 것들의 비문碑文
낫을 덮는다

누구일까 이 낫의 주인은?

그 손 보이지 않는다

어떤 대화

　평림동과 도산면 사이의 바다를 매립할 겁니다 한 이백만 평 될 거예요 MIT 분교를 유치할 것이고 시드니 오페라하우스 같은 음악당이 그 땅의 중심에 서게 됩니다 물론 칠성 급 호텔도 있어야지요 돈요? 돈은 영연방 자본을 통해 해결할 겁니다 사실 제가 고리 원자력발전소를 설계한 사람이에요 캐나다에서 원자력발전소 지을 때 나를 데려가려고 별짓 다 했어요 결혼시켜 주겠다고 금발 미인을 데리고도 왔어요 얼마나 예쁘던지…… 근데 제사가 눈에 밟히는 겁니다 제가 캐나다로 떠나 버리면 조상 제사 모실 사람이 없는 거예요 그래서 금발 미인이고 캐나다고 간에 다 치워 버렸어요 그래서 지금까지 조상 제사 모시고 독신으로 살고 있는 겁니다 그때 나를 모셔 가려 했던 끈이 지금도 유효해요 그 끈을 통하여 사십 조 정도 끌어들일 거예요 그 땅에 들어서는 모든 업체는 종신 고용을 원칙으로 할 겁니다 죽을 때까지 일할 수 있도록 할 거예요 멀쩡한 사람을 중간에 내보낸다는 게 말이 되나요 이건희 다니는 데보다 훨씬 좋은 병원 지어 놓고 아프면

고쳐서 일할 수 있도록 할 겁니다 그리고 월급은 전 세계에서 항상 최고로 할 겁니다 매년 세계 기업의 월급을 평가해서 최고로 줄 거예요 이 형도 조금만 더 고생하세요 제가 모셔 갈게요 커피 한 잔만 더 마실게요 이 형과는 말이 통해요 이 형 같은 사람 만나면 진시황이 구했던 불로초 산다는 봉래산 정상에 같이 앉아 바다를 퍼 마시고 싶어져요 역발산기개세 항우와 적제의 아들 유방으로 만나 천하를 논해 보고 싶기도 하고요 다음에 복사할 것이 있으면 또 들릴게요 외국자본 유치 관련 법 개정을 국회에 건의해 뒀는데 가져다줄 게 많아요 공무원들도 의원들도 자기 손으로 일하지 않거든요 일일이 챙겨 줘야 해요 장마가 왔네요 이 형 옥체 보존하십시오 우리 같이 해야 할 일이 많아요

아! 얼마 만인가 유토피아여! 그대 마음에 무지막지하게 문신 새겨진 유토피아여! 나도 함께 실성하고 싶구나! 화통하게 실성하고 싶구나!

거미줄

거미줄 세상이다 거미줄을 통해 사랑하고 거미줄을 통해 밥을 번다 거미줄로 목을 묶어 살인을 하고 거미줄로 함정을 만든다 거미줄을 통해 설교를 듣고 거미줄을 통해 신을 만난다 간혹 천사가 나타나 거미줄에 환한 수정이 맺히기도 한다 거미줄을 통해 비글호에 승선하기도 하고 원숭이가 되기도 하고 침 질질 흘리는 잡종견이 되기도 한다 거미줄로 울타리 둘러 친구를 만들고 계급을 만든다 거미줄 밖으로 떠밀어 왕따를 시킨다

거미집에서 갑은 거미고 을은 파리다 파리는 거미가 되고 싶어 거미를 낳고 싶어 환장을 한다 거미 둥지에 새끼를 집어넣기도 하고 이종교배로 신데렐라가 되기도 한다 비극으로 끝난 어떤 신데렐라를 위해 거미집 전체가 부르르 떨기도 했다

거미집 세상이다 사회학의 정의는 간단하다 거미집을 골똘히 들여다보는 것

냉이 된장국에 현미밥 말아 먹고 출근한다 파리채에 쫓긴 파리 몇 마리가 크레인으로 날아오른 모양이다

밥그릇 하나 되어

닳고 닳은 그물 밧줄 꺼낸 내장처럼
쟁여 싣고 녹슬어 가는 버려진 철선
곁에서 자맥질 달인이 된 갈매기들
보니 생계의 통발에 갇혀
나도 어떤 달인이 되어 밥그릇 하나 되어 있구나
그릇 뒤집어 궂은 비 피하고
일생의 밥 다 퍼 먹어 빈 그릇 되면
무덤 삼아 드러누울 밥그릇 하나 되어 있구나
성욕 풋밤 같던 시절에 어렴풋이 들은 말
군자불기君子不器 다시 꺼내 먼 해무
바다 담긴 질그릇 모두 지우는
두릅 새순 같은 봄날에
어떤 달인이 되어 밥만 퍼 담는 그릇이 되어
숨 쉬지 않는 연안에 코 꿰여 있구나

풀릴까?

재래시장 모퉁이 쟁반 위에 상어 한 마리
근육이 쪼그라든다는 병에 걸린 파도 같다

어젯밤에는 고래를 안주로 술을 마셨다
경계 없는 대양의 혼이 논배미처럼 썰어져
기모노 입은 채 다소곳이 누워 있었다

산맥을 뜯어 눈 위에 붙이고
불알을 까 던져 버린 소년들 흘러간다

물메기 풀어진 살 한 그릇 마신다
속이 풀린다

마시는 김에 하늘 땅 번갈아 힐끔거리는
어설픈 눈치도 확 마셔 버릴까?
킁킁거리며 땅 냄새 맡으며 기어 다닐까?

그래야 운수라는 놈도 풀릴까?

폐업

무더기로 밀려 나오는 재고들 꿈의 시체들
어디선가 날라 와 들러붙는 독수리들
부리로 쪼아 보고 위장에 쑤셔 넣는다

갈잎 하나
유사하流沙河* 속으로 사라진다

비석 하나 없는 평장

---

* 유사하 : 『서유기』에 나오는 강. 가벼운 거위 깃털도 떠오르지 못한다.

왜가리

먹장구름 같은 바위 위에 외다리로 서 있는
왜가리 한 마리
백내장 흐릿한 눈알에 겨울비 들이치는데
새로 갈아입을 단청도 없이 빛바랜 흙 한 채
생의 붉고 푸른 것들 다 쓸려 가고
고사목처럼 남아 있는 추레한 회색

막막한 바람이여 털려면 다 털어 가거라
저승 갈 노자 한 푼 남기지 말고

새로 입을 몸 생각조차 싫으니

무화과

말벌이 갉아 먹은
동굴 속에는 불개미 떼

어미의 붉은 심장
제 꽃 하나 피우지 않는
어미의 붉은 간

갉아 먹히고 갉아 먹히고
껍질만 남는

설날

조개 파는 아낙 살짝 드러난 속살 같았던 벗
세상길에 익숙지 않아
물 위를 걸어 나가 다시 돌아오지 않는 벗
지금도 물비늘 아득한 길을 걸어가고 있을
벗의 이름 안주 삼아 술을 마신다

세상이여 오늘만은 너무 친한 척하지 말자

자! 속물들을 위하여!

저물녘

부표 위에는 왜가리 한 마리
녹슨 부리로 이를 잡고 있다
섬 너머로 꺼지는 해가 마련한 조촐한 양지에
쪼그리고 앉아 소주를 마시며
인생의 마지막 즙을 빨고 있는 노년들
곁에 머리 내장 뼈 모두 사라진 물고기들
바람에 마른다

굴러다니는 이파리들 짓뭉개고 걸어가는
늦은 가을이 풀어 놓는 사람의 추억들
이리저리 흩어져 주막마다 따뜻한 불 하나씩 매다는지
사타구니에서부터 항구가 꽃 피는

저물녘!
시간의 가장 순한 마디를 밟고 서성거리는 마음 앞에서
그대의 등은 안쓰럽다

진창에 죄 찍으며 걸어온 내 젊은 날도
죄스럽기보다 안쓰러워
꽃 핀 주막 속으로 들어가
알전구 하나로 매달아 놓는다

다시 봄인가!

다시 봄인가! 새 이파리들 돋아나지도 않았는데
봄기운에 문질러진 바다는 잔물결 하나 없다
썰물이 드러낸 바위에는 가지런히 빗질한 연록의 파래들
겨울 하나를 더 겪어 낸 갈매기들도 한결 여유롭다

부두에는 낚싯대 붙들고 서 있는 무명씨 몇
일터 잃은 사람들?
아니면 인생의 바다에서 낚아 올릴 것 없다는 사실을
나보다 일찍 깨달은 사람들?
하여 저 바다에 세월을 던지고 무딘 낚싯바늘로
혹은 낚싯바늘 없이 세상 속에 서 있는 사람들?
개쑥처럼 돋아나는 조황釣況에 대한 궁금증이여

하지만 나는 속아야 할 무슨 희망이 아직 남아 있는지
피지도 않은 꽃들에 마음이 끌린다
아마도 어느 노인이 헌화가를 불렀을 것 같은 벼랑
시간에 허물어져 문둥이 살 같은 벼랑에

피지도 않은 진달래 미리 피워 놓고
봄 타령을 하고 있다

불혹 벌써 지난 놈이 철없이 계절에 속아

정든 유곽은 떠나고
― 서피랑* 1

한때 살찐 뱀이 똬리를 틀고 혀를 날름거렸었다
 욕망이 사충蛇蟲처럼 들끓는 뱃놈들이 미끈한 혓바닥에 감겨
 붉은 입속으로 들어가곤 했었다

뱀의 꼬리 부근에서 자란 네 사춘기에도
뱀이 핥아 놓은 자국이 어미 소가 핥아 놓은
송아지 이마처럼 선명했었다

그 자국의 깊은 늪 속으로 너는 사라졌다

삶긴 고둥이 솜씨 좋은 바늘에 끌려 집을 나가듯
어느 날 뱀도 떠났다

남은 것은 바람에 삭아 가는 허물

탱자꽃이 피었다 눈물 같은 별

너 없는 하늘에 초롱초롱 박힌다

---
* 서피랑 : 통영 서쪽에 있는 둔덕.

뚝지먼당길 92번지
— 서피랑 2

  정든 몸 떠난 혼이 해 너머 한참을 가다가 잊어버린 무엇이 생각나 다시 돌아오면 바로 툴툴 털고 일어나 새벽밥 지으실 것 같았던 구김살 하나 없이 다려진 한복처럼 살다 잠드신 할머니 얼굴에 고여 있던 눈물 같은 평화 수줍게 깃들인 몇 평의 흙 마당

노파들
— 서피랑 3

감성돔 등지느러미처럼 불쑥불쑥 솟아오르던
목 찢어지는 소리들 모두 솔가해 간 곳은 어디?
곰삭은 갈치 젓갈로 문드러진 슬레이트 지붕들
아래 누군가 싸 놓고 떠난 독한 세월을
갉아 헛배 부른 쥐들 기어 다니고
무너진 바벨탑이 흩어 놓은 말들처럼
서로 낯선 풀벌레 소리 오만 잡곡으로 허공에 쌓여
산 넘어온 어둠의 허기를 채운다
생을 물어뜯던 이빨 같은 담벼락 촘촘한 유리 조각에
부서지는 달빛 눈동자에 잔가시 박혀 시린데
복수腹水로 고인 무엇이 남아 더 식혀야 할 것이 있는지
땟국 찌든 평상에 앉아 밤바람 쐬는 노파들
내생來生의 욕지거리까지 모두 뱉어 버린 매미 허물들
눈 반쯤 감은 반가사유半跏思惟
곁에서 철모르고 춤추는 코스모스 몇 송이

제5부
은목서

경전經典 곁에서

돌멩이가 굴러 들어오면 씨감자처럼 싹이 튼다는
곰이 들어오면 마늘 쑥 한 짐 짊어지고 호랑이가 들어오면
들어와 한 백 일 머무르면 사람이 된다는
태반 같은 고요 잔물결 하나 없이 고여 있는 동굴 앞에서
푸줏간 한 채 짊어지고 오래 서성거린다

근황

살을 퍼내도 퍼내도 뼈가 보이지 않습니다
색을 퍼내도 퍼내도 색뿐입니다
무애가無碍歌 부른 고승의 해골바가지는
우화등선 흰 구름 되어 흘러가 버리고
볼때기 퍼런 망개 이파리 접어 물 떠먹습니다
뱀이 목욕하는 골짝 물 떠먹습니다

그냥 출렁거리며 살렵니다 눈부시며 살렵니다

봄이 말 울음소리를 내며

야! 저 꽃나무 좀 봐라!
봄이 사는 주소 근처에도 못 가 본 사내가
땟국 흐르는 중년의 트럭에서 꺼내 놓는
환한 봄꽃들 둘레로 할머니들
시골 마당 꽃밭을 둘러놓은 돌멩이들처럼 모여든다

돌멩이들 속에서 거미줄 덮고 잠자던 처녀들이
순식간에 쏟아져 나온다

재래시장 구석에 웅크리고 있던 봄이
편자도 신지 않은 봄이
말 울음소리를 내며 벌떡 일어선다

사월 첫째 날

파도가 오른손으로 고요를 대패질하고 있다
섬마을 허리까지 돌담 두른 집 곰보 자국 흙 마당
감나무 새잎 같은 이른 아침
놋쇠 세숫대야 선선한 물로 시간을 깨운다
녹슨 바위 정수리에 떨어지는 마른벼락
태초가 훑고 지나간다
저기 구름 생기는 곳까지 다시 펼쳐지는 처녀지
잘 살아야 한다 잘 살아야 한다
파도가 온몸으로 밀고 오는 사월 첫째 날

사월을 뜯어 먹는다

봄 신령의 강림!
깊은 산속 처녀 바위가 알을 낳았다
알을 깨고 흘러나온 무지개
민란처럼 번진다
범람하는 물 혹은 피
펑펑 터지는 성욕들

아픈 소는
약이 되는 풀을 안다

사월을 뜯어 먹는다

꽃구름

까치집이나 한 채 지어
저승의 그림자 한 치 깃들이지 않은
꽃구름 갈비뼈에
까치집이나 한 채 엮어

뺨 비비며 살라고
살 저무는 때 아주 잊어버리고
그냥 살 비비며 살라고
이승을 풀무질하는
시간의 한 도막

산다화

파뿌리가 지팡이 짚고 들어가면
붉은 처녀가 걸어 나온다
붉은 태양을 낳는다
붉은 봄을 낳는다
달거리하는
붉은
동
굴

목련

살로 말을 하던 시절이 내게도 있었던가
살을 입 밖에 내뱉어도 부끄럽지 않던 시절
말의 이마에 노을 한 줄 묻어 있지 않던 시절이

서쪽을 곁눈질하며 살아야 오래 산다고
풀들이 식탁을 점령하는데

가없는 허공에 그냥 펑펑 터지는 살점들

아카시아 숲에서

혼의 맥박 희미해져 신장神將에 가위눌린 봄 낡은 석관石棺에서 겨우 흘러나와 스며든 숲 속 때 아닌 함박눈에 오솔길 모두 지워지고 산발한 꽃향기 밀물 차올라 매미 허물 같은 허묘虛墓 속으로 밀려온다

시골 서점

수줍게 드나드는 가난한 소년에게
예스러운 자존심을 걸쳐 주곤 했다
그 옷을 입고 소년은 쓸쓸한 바닷가를 찾아다니곤
했다
가지런히 꽂힌 생각들은
소년의 마음을 사철 푸른 숲으로 만들어 주었고
숲 속 깊은 곳에서 은빛 늑대가 새끼를 낳곤 했다
새끼가 막 눈을 뜰 때 시가 옹알이를 하기도 했다
기다리던 애인이 오지 않으면 소년은
오래 팔리지 않은 생각들 속을 들여다보곤 했다
들여다보는 동안 마음은 가라앉고 가라앉아
기다림을 모르는 연못이 되기도 했다
연못에 파문을 일으키며 애인이 나타났을 때 이유
없이
약속에 늦은 애인을 이유 없이 용서해 주기도 했다

지난 시간이 차곡차곡 쌓여 있는 다락방이여

세월에 무릎 시린 마음이 가만히 앉아
누런 땀에 범벅이 된 화장을 닦아 내며
잠시나마 자신의 민낯을 어루만지는

살구나무 그늘 깊다

풀밭

메뚜기 발레리나처럼 톡톡 튀어 오른다
꽃물 들인 손톱 깎는 소리가 난다
천진한 손아귀를 빠져나가 허공을 들이받을 때마다
애기 얼굴에 우주의 설탕이 수렴된다

무덤

 무덤 하나 품고 살아야 착하게 산다 초가지붕이 박꽃 하나 품고 살듯 어둠이 달 하나 품고 살듯 달이 토끼 한 마리 품고 살듯 과꽃 같은 무덤 하나 품고 살아야 착하게 산다 봉숭아 꽃물 들이고 착해지는 손톱처럼 수더분한 무덤 하나 빗질하고 살아야 착하게 산다

 들꽃이 내뿜는 연분홍 입김 같은 생······

은목서

나무 한 그루가 우주다
수많은 잔별들이 매달려 있다
잔별들이 뿜어내는 향기 모두 엮어
바람은 천 리 길을 만든다

사람 마음도 우주다
사람이 찍어 온 순간들은 결코 지워지지 않는다
마음 하늘 깊은 살 속에
혹은 가죽에 박혀 별들이 된다

그 별들에서 흘러나오는 향기 한데 고여
잣나무 선선한 그늘이 되거나
아득한 벼랑으로 서 있다가

몸이 숨을 멈추는 날
밤물결에 은은한 달빛으로
혹은 날 선 사금파리로 뿌려져
먼 나라로 이어지는 바닷길 된다

집 떠난 영혼이
홀로 걸어갈

달밤

저 섬에 가려면

억새 칼 시퍼런 생을

풍장風葬해야 하리

싸리비로 쓸고 가는 바람이

남긴 뼈들만 추려

괴나리봇짐에 담아야 하리

달이 제 몸을 두레박질하여 만들어 주는

풍란 향 은은한 길을 걸어야 하리

새의 뼈 속 허공 같은

나그네 되어

물 위를 걸어가야 하리

바위야

가지런히 빗질한 수묵 산수화 속에 쪼그리고 앉은
바위야 달빛 어린 물소리 꽃으로 접어 머리에 꽂고 있는
바위야 봉두난발 밭둑 버려진 오동나무처럼 쑥쑥 자라
화폭 찢고 나오너라 달팽이 집 버리고 나오너라
길 없는 허공에 배 비비며 기어가거라
한 덩어리 물로 기어가거라 한 덩어리 불로 기어가거라
코뚜레 꿰지 않은 한 덩어리 혼으로 기어가거라

성탄 아침

개평에 걸신들린 갈매기 떼 돌아오는 멸치 배 쫓아다닌다 빵 부스러기 몇 점에 우수수 떨어질 비둘기들 한 줄로 얼어붙어 있는 선창 구석에 꼬리 잘린 고양이 버려진 목탁처럼 웅크리고 있다

매운 것이 그립다 엄동을 푸르게 나는 마늘 속에 들어 있는 것 방고래 깊숙이 틀어박혀 밤새 마신 장작 연기 툴툴 털고 걸어 나오는 토종닭 속에 들어 있는 것 메뚜기 석청 먹고 외치는 세례 요한을 두른 가죽띠 무두질되지 않은 정신 같은 것 세례 요한을 깎아 낸 광야의 혼 길들지 않은 바람 같은 것……

어떤 핏빛 사랑이 밀어 올리는지 구약의 산맥 위로 쩌렁쩌렁 해 떠오르고 망망茫茫하여라 새끼 물오리처럼 날개 퍼덕거리며 저어 가고 싶은 겨울 바다

배 나간다 삶의 싱싱한 지느러미 훔쳐보던 관음증 벗어던지고 굵은 바리톤 배 한 척 나간다

여행

길든 길 오래 걷다 보니 환경호르몬에 사라지는 정자처럼 잃어버린 말이 여행…… 오랜만에 여행이라 발음하니 어떤 젊음이 걸어온다 소주병에 우주를 담아 오른손에 쥐고 파도 갈기 위를 걸어 가없는 갯벌에 푹푹 빠지며 다도해 밤하늘 이글거리는 별 무리에 어지러운 머리 흔들며 낯선 젊음이 맨발로 걸어온다

생이 걸치고 태어난 물빛 시간이 산란하는 마른 바람에 이울기 시작할 때쯤 접어 목재 서랍 깊숙이 넣어두었던 것 진창의 일상에 목관木棺의 열쇠 잃어버려 미라처럼 누워 있던 것 다시 꺼내 입고 달팽이처럼 웅크리고 있던 마음 밖으로 나선다

이리 오너라 길이여! 오랑캐 수놈 같은 알몸으로!

작품 해설

순수의 세계와 수평의 시학

송 기 한

(대전대 국문과 교수)

  2013년 『통영』, 2014년 『새벽시장』에 이어 이중도 시인의 세 번째 시집 『당신을 통째로 삼킬 것입니다』가 상재되었다. 첫 시집 이후 매년 한 권씩 시집을 낸 셈이니 실로 왕성한 창작열이라 할 만하다. 그런데 금번에 상재된 시집은 제목에서도 드러나듯 처음 두 시집과는 현저한 차이를 보인다. 그 첫 번째 상위는 작품의 배경에서다. 앞선 시집들의 주요 소재였던 '통영', '새벽시장'은 공간적 개념이다. 이중도 시의 주조를 이루고 있는 모티프가 민초들의 실존적인 삶에서 발현되는 것이라 할 때 그 삶이 이루어지는 공간의 표상이 '통영'

이고 '새벽시장'이었던 것이다.

  세 번째 시집은 그 양상이 다르다. 무엇보다 '당신을 통째로 삼킬 것입니다'라는 제목에서 보듯 공간적 배경이 큰 위치를 차지하지 못하는 것이다. 특히 여기서 어떤 결연한 의지를 드러내는 선언의 형태라는 점에서 매우 이질적이다. '통영'과 '새벽시장'이 관찰자적 자아를 연상시킨다면 '당신을 통째로 삼킬 것입니다'는 삶의 현장에 기투한, 행동하는 자아를 연상시키는 것이다. 실제로 『당신을 통째로 삼킬 것입니다』에서 삶의 현장은 좀 더 구체적이고 입체적으로 그려지고 있으며 시적 자아의 언술에서는 진솔하고도 직핍한 힘이 느껴진다. 이는 시인이 모진 세파에 거칠고 투박해진, 혹은 주류에서 벗어나 있거나 소외된 민초들의 삶 속으로 더욱 깊숙이 스며들어가 있음으로 해서 가능해진 것으로 보인다.

  한편 이처럼 시에서 서사가 강조될 경우 직접적 진술이 전경화되는 까닭에 압축, 절제, 낯선 상상력 등과 같은 시적 미학의 측면은 배제되기 쉽다. 그러나 이 시인은 이런 통례에서도 한발 비켜서 있다. 그의 시에서는 다소 거친 호흡의 진술 속에서도 시인의 경험과 관찰, 독서와 오랜 사유가 빚어낸 치열한 서정과 거기서 빚어지는 독특한 결을 느낄 수 있기 때문이다.

1. '수평의 삶'에 대한 연민과 사랑

이중도 시의 주조적 정서라 하면 연민과 사랑이라 할 수 있다. 이 시집에서는 그 대상이 되는 인물들이 매우 다양하면서도 구체적으로 그려지고 있다는 특징이 있는데 이들의 실존을 표상하는 시어가 바로 '수평'이다. 그렇다면 '수평의 삶'이란 어떠한 모습일까? '수평의 삶'에 포지되어 있는 의미와 가치는 무엇이라 할 수 있을까?

> 사흘 춥습니다 바람에서 매운 무 밑동 맛이 납니다 지난가을에 씨 뿌린 겨울 배추 시금치 바짝 엎드려 있습니다 알몸에 서리 눈망울 또렷합니다 물의 찌끼만 남은 노년의 시래기들 난민처럼 흩어져 있습니다 수직의 삶은 여기 없습니다 수직의 삶이 기어오를 벼랑도 수직의 삶이 바라볼 만년설 이고 있는 산정도 여기에는 없습니다 삶을 수직으로 밀어 올릴 끓는 물도 여기에는 없습니다 이곳에는 수평의 삶들 벼 그루터기같이 총총히 박혀 있을 뿐입니다 이들 마구 그림자 늘여도 붉은 흙 따뜻하고 넉넉할 뿐입니다 늘 혼자인 당신의 그림자 포근히 깃들일 가슴 하나 먼 산 너머 바라보고 있을 뿐입니다
> ―「이곳에는」 전문

매운바람에 "바짝 엎드려 있"는 서리 맞은 "겨울 배추 시금치"가, 그리고 "난민처럼 흩어져 있"는 "물의 찌끼만 남은 노년의 시래기들"이 바로 '수평의 삶'을 표상하고 있는 시적

대상들이다. 위 시에는 '수평의 삶'과 대척적 개념에 해당하는 '수직의 삶'도 등장하고 있다. '수직의 삶'이란 멀리 "만년설 이고 있는 산정"을 바라보며 '벼랑'을 기어오르는 삶이며 이렇게 "삶을 수직으로 밀어 올"리게 하는 매개는 '끓는 물'로 암유되고 있는 욕망이다. 즉 결코 채워질 수 없는 욕망에 의해 끊임없이 추동되는 삶이 바로 '수직의 삶'이며 이러한 욕망조차 거세당한 혹은 삭아질 대로 삭아진 삶이 '수평의 삶'인 것이다.

시적 자아가 지칭한 '여기', '이곳'은 '겨울 밭'이라는 단순한 물리적 공간을 의미하는 것이 아니다. '여기', '이곳'은 시적 자아가 선택한 삶의 가치가 함의된 정신적 공간이다. 즉 '수직의 삶'이 없는 곳, "수평의 삶들 벼 그루터기같이 총총히 박혀 있을 뿐"인 곳이 바로 시적 자아가 굳건하게 발 딛고 서 있는 '여기'이자 '이곳'이다. 매운바람 속에 엎드려 있는 '서리 맞은 배추', '시래기들'로 표상되는 '수평의 삶'은 어쩐지 무기력하고 현실도피적으로 느껴지기까지 한다. 그러나 시적 자아의 시선은 이들에 대한 가치판단이 아니라 '이들이 마구 그림자 늘여도 따뜻하고 넉넉'하게 품어주는 "붉은 흙"에 닿아 있다. "늘 혼자인 당신의 그림자 포근히 깃들일 가슴 하나"란 바로 "붉은 흙"과 동일화되어 있는 시적 자아의 의식이자 마음이다.

고향이 탯줄이 되어 주지 못한 벗들 생각이 납니다 난마의 세상 어느 기슭에 쓸려 가 있는지 오래 소식 끊어진 벗들 생각이 납니다 밟히고 부서져도 상처가 칼날이 될 수 없는 벗들 우악스런 손아귀를 향한 사금파리조차 될 수 없는 벗들……

―「부표-텃개 3」부분

조개 파는 아낙 살짝 드러난 속살 같았던 벗
세상길에 익숙지 않아
물 위를 걸어 나가 다시 돌아오지 않는 벗
지금도 물비늘 아득한 길을 걸어가고 있을
벗의 이름 안주 삼아 술을 마신다

세상이여 오늘만은 너무 친한 척하지 말자

자! 속물들을 위하여!

―「설날」전문

인용 시들에서 '수평의 삶'의 좀 더 구체적인 모습을 확인할 수 있다. "고향이 탯줄이 되어 주지 못한 벗들", "세상길에 익숙지 않"은 벗들이 바로 '수평의 삶'을 사는 인물군 중 하나다. '탯줄'은 태아에게 모체와의 연결고리이자 생명줄이다. 나고 자란 공간, 부모가 있고 이웃이 있고 벗들이 있는 유대와 통합의 공간인 고향은 인간 존재에게 생의 근원지이자 생을 지탱하게 해 주는 버팀목이 된다는 점에서 '탯줄'에 비길 수 있을 것이다.

그러나 자본주의의 모순이 팽배한 "난마의 세상"에서 '고향'은 더 이상 '탯줄'이 되어 주지 못한다. 경제적 요인으로 벗들은 고사하고 가족과도 소식을 끊을 수밖에 없는, "세상 길에 익숙지 않"은 이들이 허다한 것이 오늘날의 현실이기 때문이다. "고향이 탯줄이 되어 주지 못"하는 이들이 어떠한 세상길이라고 익숙해질 수 있겠는가. "물 위를 걸어 나가 다시 돌아오지 않는 벗"은 이러한 존재의 극단적 예라 할 수 있을 것이다.

시적 자아는 이들을 "밟히고 부서져도 상처가 칼날이 될 수 없는 벗들", "우악스런 손아귀를 향한 사금파리조차 될 수 없는 벗들"이라 명명하고 있다. '수평의 삶'에 연민의 정서가 발현되는 까닭이 여기에 있다. 이들은 이들을 '밟고 부수며 상처'를 주는 "우악스런 손아귀"를 향해 '칼날'은커녕 '사금파리'조차 될 수 없는 존재들이다. 주어진 삶을 천명으로 알고 고통을 삶의 일부분으로 받아들이거나 스스로를 책망할 뿐이다.

이러한 현실이기에 시적 자아의 시선에 살아남은 자, 세상에 익숙해진 자는 모두 어느 정도는 '속물'인 것이다. 이들의 욕망이 톱니바퀴처럼 맞물려 생성해 나가는 세계에서 '탯줄'까지 잃은 존재들이 설 자리는 없기 때문이다. "세상이여 오늘만은 너무 친한 척하지 말자"라는 진술은 곧 '속물'로 세상에 타협해 온 스스로에 대한 고백이자 성찰인 셈이다.

저물녘!
시간의 가장 순한 마디를 밟고 서성거리는 마음 앞에서

> 그대의 등은 안쓰럽다
>
> 진창에 죄 찍으며 걸어온 내 젊은 날도
> 죄스럽기보다 안쓰러워
> 꽃 핀 주막 속으로 들어가
> 알전구 하나로 매달아 놓는다
>
> ―「저물녘」 부분

"진창에 죄 찍으며 걸어온 내 젊은 날"이 아마도 '수직의 삶'이었을 터이다. 이 '수직의 삶'은 '세상과 친한 척하려는 속물'의 삶이기도 하다. 그런데 시적 자아의 이러한 삶에 대한 정서는 '죄스러움'이 아닌 '안쓰러움'이다. 어떠한 삶에 대한 옳고 그름의 분별이 아닌 세상에 던져진 존재에 대한 연민이 발현되고 있는 것이다.

눈여겨볼 점은 저물녘쯤 '수평의 삶'들이 모여들 만한 공간인 '주막'을 "꽃 핀 주막"으로 표현했다는 것이다. 아울러 "진창에 죄 찍으며 걸어온" 시적 자아의 "젊은 날"들이 이 공간의 불빛이 된다는 사실 또한 주목할 만하다. 전언한 바와 같이 시적 자아는 어떠한 삶에 대한 가치판단을 내세우고 있지 않다. 중요한 것은 '안쓰러운 삶'이 또 다른 '안쓰러운 삶'에 "알전구 하나"로 작용할 수 있다는 인식인 것이다.

'수평의 삶'의 정수를 보여 주는 시로「지팡이」를 들 수 있다.

> 기역 자 할머니 폐지 가득 포개 싣고 정량천 건너갑니

다 도와주려 해도 손사래 치며 달팽이처럼 건너갑니다 리어카 없이는 한 발자국도 갈 수 없다고 합니다 늙은 리어카에 기대야 집에까지 간다고 합니다 평생 밀고 다닌 짐이 지팡이가 된 것입니다 다리가 된 것입니다 오십 넘은 아들 바나나우유 빨리며 데리고 다니는 옆집 할머니 이제 코 흘리는 아들 지팡이 삼아 짚고 다닙니다 손잡고 시장도 보고 노인정에도 갑니다

 쓴 운명 그냥 끌고 다니는 사람 마음에 쌓인 언덕 늦은 봄 저녁 같은 언덕이 아름답습니다

 발기된 생만이 지팡이가 될 수 있다기에 더 단단하게 발기되지 않으면 지팡이가 될 수 없다기에 지팡이 없이는 걸어 다닐 수 없는 세상이라기에 이 땅에 태어나 지팡이 만들다 보낸 세월 제법 울창한 한 그루의 세월 이제 낙엽 지우렵니다

—「지팡이」 전문

"평생 밀고 다닌 짐이 지팡이가 된 것", 이것이야말로 '수평의 삶'의 정수라 할 만하다. 이 세상은 "지팡이 없이는 걸어 다닐 수 없는 세상"이며 "발기된 생만이 지팡이가 될 수 있"는 세상이다. "발기된 생"이란 '수직의 삶'이라는 의미에 다름 아니다. 따라서 "지팡이 만들다 보낸 세월"이란 "진창에 죄 찍으며 걸어온 내 젊은 날"(「저물녘」)과 동궤에 자리하는 의미인 것이다.

 '지팡이'란 결국 삶을 지탱해 나갈, 혹은 삶을 추동하는

힘의 표상이라 할 수 있다. 탄탄한 '지팡이' 하나 만들기 위해 "진창에 죄 찍으며 걸어"온 삶인데, 이러한 삶이 "제법 울창한 한 그루의 세월"쯤 되어야 겨우 의지할 '지팡이'를 마련할 수 있는 것이 현실이라 하는데 시적 자아의 시선에 포착된 '수평의 삶'은 달랐던 것이다.

허리가 기역 자로 굽은, 폐지 줍는 할머니의 삶, "오십 넘은 아들 바나나우유 빨리며 데리고 다니는 옆집 할머니"의 삶 모두 '수평의 삶'이라 할 수 있을 것이다. 폐지 운반하는 '리어카'나 '코 흘리는 오십 넘은 아들'은 분명 이들 할머니들의 평생 짐이었을 터이다. 그런데 바로 이 '평생 짐'이 이들의 '지팡이'가 된 것이다.

결과적으로 '수직의 삶', '수평의 삶'에 모두 '지팡이'는 마련된 셈이다. 그렇다면 이들 양자의 삶에 지팡이를 마련할 수 있게 한 각각의 요인은 무엇일까. 단선적으로 말할 수 없는 부분이긴 하지만 거칠게나마 대별한다면 '수직의 삶'의 경우 '지팡이'를 마련하는 힘은 속물적 욕망에서 비롯되는 것일 터이고 '수평의 삶'의 경우엔 포용과 사랑에서 비롯되는 것이라 할 수 있을 것이다.

"쓴 운명"을 삶의 한 부분으로 받아들여 그 고통까지를 긍정할 수 있을 때 포용과 사랑이 가능해지는 법이다. 위 시에서 "쓴 운명 그냥 끌고 다니는 사람 마음에 쌓인 언덕"이 시적 자아에게 아름답게 인식되는 것 또한 이러한 맥락에서다. "지팡이 만들다 보낸 제법 울창한 한 그루의 세월"을 "이제 낙엽 지우"고자 한다는 시적 자아의 의지는 이와 같은 통찰에서 비롯된 것이다. 모든 속물적 욕망과 그 결과로 축적되어 온 것들을 이제 비우고자 하는 것이다. 이는 '수평의 삶'에 대한 연민과 사랑에서 나아가 스스로 '수평의 삶' 속으로 스며들어 가고자 하는 의지라 할 수 있다.

2. 모성의 세계, 그 영원한 '사랑의 전설'

인간이 삶을 영위하는 데는 의지가 되어줄 무엇이 필요하다. 그것이 정신적인 것이든 물질적인 것이든 말이다. '수평의 삶' 들 중 어느 누구는 평생의 짐을 삶을 지탱하는 '지팡이'로 삼기도 하고 또 어느 누구는 스스로 생을 저버리고 마는 경우도 있는데, 이러한 삶의 차이는 생의 버팀목이 되어 줄 존재의 유무에 있는 것이 아닌가 한다. 시인이 이 시집에서 모성을 표나게 강조하고 있는 이유 또한 이러한 맥락에서 찾을 수 있을 것이다. '고향이 탯줄이 되어 주지 못하는 세계'에 익숙해질 수 없는 '수평의 삶' 들에게 근원적 합일을 함의하고 있는 모성의 세계만큼 안온하면서도 강력한 버팀목이 되어 줄 세계는 없을 것이기 때문이다.

> 먼 옛날 경주 남산 서쪽에 살던 사람 어느 날 집 동쪽 시냇가에서 놀다가 수달 한 마리 잡아먹고 절로 갔습니다 살다 먹히고 버려진 뼈 다시 일어나 집으로 간 수달을 보고 밤새도록 피 흘리며 걸어가 새끼 다섯 마리 뼈로 안고 있

던 수달을 보고 경주 남산 기슭에 살던 사람 머리 깎고 중이 되었습니다 아마도 이맘때쯤 나무들 이파리 모두 지워진 늦은 가을 이맘때쯤 경주 남산 서쪽 기슭에 살던 그 사람 살 벗어 놓고 뼈로 걸어 나갔습니다
―「늦은 가을 이맘때쯤」 전문

 모성은 근원에 속하는 것이며 종과 시공간의 경계를 초월하는 성질의 것이다. 근대 이후 급격한 사회변동에 의한 제반 가치의 변화 속에서도 불변의 가치를 포지하고 있는 것이 모성의 속성이 아닌가 한다. 모성의 속성이라 하면 희생과 헌신, 아낌없는 사랑을 꼽을 수 있을 것이다. 위 시에서 '수달'은 이러한 모성의 속성을 구현하고 있는 시적 대상이다. 살은 다 먹히고 뼈밖에 남지 않았지만 그 "버려진 뼈"는 "밤새도록 피 흘리며" 집으로 걸어가 뼈로 새끼를 안고 있었다.
 모성을 형상화한 시로「무화과」도 있다. "갉아 먹히고 갉아 먹히고 껍질만 남는" 무화과에서 시인은 "제 꽃 하나 피우지 않는 어미의 붉은 심장, 붉은 간"을 연상한 것이다. 두 시에는 모성이 모두 '먹힘'과 관련하여 이미지화되어 있다는 공통점이 있다. '먹힘'은 희생과 헌신의 표상이다. 위 시에서는 '먹힘'이 그저 '먹히는' 것에서 그치고 있지 않음에 주목할 필요가 있다. 정작 살을 다 발라 먹었던 '그 사람'이 절대적 모성 앞에서 스스로 "살 벗어 놓고 뼈로 걸어 나"가고 있기 때문이다.
 여기에서 우리는 시인이 단순하게 모성의 위대함과 그것을

구현하는 데 초점을 맞추고 있는 것이 아님을 간취할 수 있다. 시인은 모성의 속성을 드러내면서 그 의미역의 확장에 초점을 두고 있는 것이다. 이는 그의 여러 시편들에서도 확인되는 바다.

> 로마 교회에 보내는 바울의 편지를 읽다가 문득 그저께 헐린 까치집이 생각났습니다 날개 여물지 못해 날아오르지 못하고 절뚝거리며 땅을 헤매는 새끼 주변을 맴돌던 어미의 쉰 목청 생각이 났습니다 사랑과 율법에 대한 사도의 뜨겁게 날 선 문장을 읽다가 새끼 까치를 위해 빈 꽃바구니로 새집을 지어 준 아장아장 걷던 아이와 젊은 엄마 생각이 났습니다 새집에서 얼마 살지 못하고 떨어져 죽은 새끼 곁에 해종일 앉아 돌에 부리를 찧어 대며 퍼덕거리던 어미 생각이 났습니다
>
> 경전 한 권을 다 읽고 나면 저 쉰 목청까지 빈 꽃바구니까지 돌에 찧는 부리까지 가는 길이 보일까요 경전 한 권을 다 외우고 나면 길 끊어진 곳에서 물고기와 자라가 떠올라 다리를 만들어 줄까요
>
> 세상 어미들 울음이 처음 솟아난 그 샘까지 가고 싶은 밤입니다 잃어버린 성배를 찾는 기사처럼
> ―「어떤 울음―사랑의 전설 6」 전문

시적 자아는 "로마 교회에 보내는 바울의 편지"를 읽고 있다. 내용은 "사랑과 율법"에 관한 것이다. 그런데 시적 자아

의 의식은 이 "사도의 뜨겁게 날 선 문장"에 머물지 못하고 계속 어미와 새끼 까치에게로 흐르게 된다. 다시 경전으로 마음을 돌려 보지만 이내 "새끼 까치를 위해 빈 꽃바구니로 새 집을 지어 준" 아이와 젊은 엄마가 의식 속으로 틈입해 들어온다. 시적 자아의 의식은 마치 "사랑의 전설"을 찾아 헤매듯 경전 속 '말씀'과 미물의 모성, 아이의 순수한 사랑 사이를 오가고 있다.

"새끼 주변을 맴돌던 어미의 쉰 목청"이나 "죽은 새끼 곁에 해종일 앉아 돌에 부리를 찧어 대며 퍼덕거리던 어미" 등등 위 시에서도 모성이 발현되는 상황이 부각되어 그려져 있다. 그러나 전언한 바와 같이 시인의 시의식은 모성 그 자체에 주안을 두고 있는 것이 아니다. 이는 시적 자아의 인식이 '아이와 젊은 엄마'의 약한 대상에 대한 연민과 사랑으로 확장되고 있고 나아가 스스로의 내면을 성찰하는 데까지 이르고 있는 것에서도 알 수 있다.

'까치'는 본능이라 할 수 있는 애끓는 모정을 보여 주고, '젊은 엄마'는 아이를 돌보는 심정으로 여리고 아픈 것들을 보살피고 있다. 시적 자아는 스스로 이러한 사랑에 이르지 못하고 있음을 성찰하고 있는 것이다. 경전을 읽고 외우는 행위도 결국 "쉰 목청까지 빈 꽃바구니까지 돌에 찧는 부리까지 가는 길"을 찾기 위함임이 드러난다.

모성이란 의식이나 이성이 개입되기 이전의 본능적이고 직관적인 사랑이라 할 수 있다. '사랑해야 한다'가 아니라 '저절로' 사랑하게, 헌신케 되는 것이다. '어미'가 아닌 이상

이러한 사랑은 속물적 계산이나 분별을 모두 걷어 낸 본연의 마음에서만 가능해지는 것이라 할 수 있다. 따라서 "세상 어미들 울음이 처음 솟아난 그 샘까지 가고 싶"다는 시적 자아의 고백은 모든 대상과의 동일성이 담보되는 그러한 순수한 태초의 마음에 이르고 싶다는 뜻으로 읽을 수 있다.

> 명절 때 못 한 어머니 무덤 벌초하고 돌아오는 길 저만치 아래 황토밭 한 뙈기 누워 있습니다 고구마 넝쿨 모두 걷어 낸 벌거벗은 흙은 살아 계실 적 어머니 마음의 나신 같습니다 참 신기하지요 여인은 어머니가 되면 흙이 됩니다 누가 가르쳐 주지 않아도 스스로 흙이 됩니다 쑥쑥 자라 큰 열매 맺어라 세상은 발기하는 것만 가르치는데 발기하지 못한 생은 죽은 고목에 붙어서 버섯처럼 살아가야 한다고 간도 쓸개도 없이 살아야 한다고 해도 달도 없이 살아야 한다고 으름장을 놓는데 밭이 되라고 흙이 되라고 아무도 가르치지 않는데 세상의 모든 어머니는 스스로 흙이 됩니다 슬그머니 들어가 밟아 보는 붉은 밭 한 뙈기 성자의 붉은 혓바닥 같습니다 목소리 쩌렁쩌렁합니다
> ─「황토밭」전문

위 시에서는 모성을 부각하려는 시인의 의도가 더욱 분명하게 드러나 있다. 시적 자아에게 세상은 "발기하는 것만 가르치는" 곳이다. "발기하지 못한 생은 죽은 고목에 붙어서 버섯처럼 살아가야 한다고 간도 쓸개도 없이 살아야 한다고 해도 달도 없이 살아야 한다고 으름장을 놓는" 곳이 세상이다. 그런데 '어머니'의 세계는 이러한 세상과 적확하게 대척되는

지점에 위치해 있다. "밭이 되라고 흙이 되라고 아무도 가르치지 않는데 세상의 모든 어머니는 스스로 흙이" 되고 있기 때문이다.

"어머니 마음"과 등가인 "붉은 밭"이 '성자의 말씀'이 아닌, 말이 생성되기 이전의 "붉은 헛바닥"에 비유되고 있음에 주목할 필요가 있다. 시인이 로고스적이 아닌 직관적 사랑, '말'이 아닌 '행함'에 우위를 두고 있음이 드러나는 대목이기 때문이다. 그의 시에서 모성이 자주 운위되는 까닭 또한 바로 여기에 있는 것이다. 위 시는 "발기하는 것만 가르치는" 세상에서 어떠한 '말'도 '가르침'도 아닌 스스로 흙이 되는 길을 택하고자 하는 시인의 의지를 간취할 수 있다는 점에서 의미가 있는 작품이다.

3. 분별없는 순수의 세계

모성의 세계는 속물적 계산은 물론 어떠한 조건이나 분별도 없는, 근원의 세계이자 순수한 사랑의 세계다. 이중도의 시에서 드러나는 '수평의 삶'이나 모성의 세계에 대한 천착은 궁극적으로는 이와 같은 분별이 없는 순수의 세계, 그 사랑의 세계를 구현하고자 하는 열망에서 비롯되는 것이라 할 수 있다.

  귀뚜라미 짖는 소리에 잠 십자가에 쫓겨난 귀신처럼 달

아나 버리고 비 갠 밤하늘 또렷한 큰곰자리처럼 돋아나는 생각 하나 지금까지 나에게만 한눈팔고 살았구나 예수 말씀 읽는다고 두툼한 책 끼고 다닌 게 기껏해야 내 주린 배에 한눈판 것이었구나 부처 공자 그윽한 한문도 기껏해야 내 말[言] 머리에 동백기름 바른 것이었구나 하물며 산에 한눈판 게 인仁과 무슨 상관이며 물에 한눈판 게 지智와 무슨 상관인가 다 내게 한눈판 것 어떤 것은 돋보기 쓰고 어떤 것은 선글라스 끼고 어떤 것은 맨눈으로 한눈판 것 질리지도 않고 나에게만 한눈팔아 온 세월이 내 인생이었구나 너에게도 눈 좀 돌려 보라는 성인 말씀이 때때로 멱살 잡던 시절도 지나가 꿈속도 태평천국이니 이제 마음 놓고 한눈팔아도 되겠구나 네가 바다 백 리 너머로 떠나가든 말든 해 데리고 달마저 데리고 떠나가든 말든 영혼이야 캄캄한 밤이 되든 말든

— 「나에게만 한눈팔고 살았구나」 전문

깨달음이란 꼭 고된 수행을 통해서만 얻을 수 있는 것은 아니다. 비루한 일상 속에서도 문득 "비 갠 밤하늘 또렷한 큰곰자리처럼 돋아나는 생각 하나"가 깨달음일 수 있다. 위 시의 시적 자아가 깨달은 바는 세속적인 것들에 거리를 두며 나름대로 열심히 살아왔다고 자부한 날들이 사실은 "나에게만 한눈팔고" 살아온 날들이었다는 것이다. 때에 따라 다양해 보이는 여러 양상의 삶들도 안경만 바꿔 낀 것일 뿐, 결국 "나에게만 한눈팔아 온 세월"이었다는 점에서는 매한가지라는 사실이다.

시인의 자기응시는 냉정하다 못해 가혹하게 여겨지기까지 한다. "질리지도 않고 나에게만 한눈팔아 온 세월이 내 인생이었다"는 통렬한 고백도 그러하거니와 "눈 좀 돌려 보라는 성인 말씀이 때때로 멱살 잡던 시절도 지나가" 이제는 아무런 자의식 없이 "나에게만 한눈팔"며 살고 있다는 대목도 그러하다. 여기에서 '너'는 시적 자아의 의미로도, 타자의 의미로도 읽을 수 있다. 이러한 중의적 기법은 '너'와 관계없는 삶, "나에게만 한눈파는 삶"이 결코 '나'를 위한 삶일 수 없음을 드러내는 시적 장치로 작용하고 있다.

위 시에서 "네가 바다 백 리 너머로 떠나가"게 되면 세계는 '해'도 '달'도 없는 암흑 속에 놓이게 된다. '내'가 외면하는 '너'의 영혼도 암흑이겠지만 '너'의 영혼이 '해'와 '달마저' 데리고 떠나간 까닭에 '나'의 영혼 또한 캄캄한 밤이 되는 것은 마찬가지다. '너'와 '나'의 분별이 없는 세계, '너'의 아픔이 '나'의 아픔이고 '너'의 암흑이 곧 '나'의 암흑이 되는 세계는 이중도의 시에서 줄곧 강조되어 온 모성의 세계와 다른 것이 아니다. 이는 시인이 지향하는 세계이기도 하다.

이 시집에 분별의 경계를 무화시키고자 하는 시적 자아의 부단한 각성과 의지를 구현하고 있는 시편들이 많은 까닭 또한 동일한 맥락에서 찾을 수 있다.

    왕이라면 포석정이나 경회루쯤에서 궁녀 끼고 주지육림 술판도 벌려 보겠지만 자나 호 패물처럼 달고 다니는 양반이라도 된다면 식영정이나 소쇄원쯤에서 바람 소리에

거문고 줄 고르는 척도 하겠지만 돈이 주主인 세상 주 은
혜 풍성하다면 요트 할리데이비슨 콘도 골프 회원권 따위
계급장처럼 달고 다녀도 보겠지만 왕도 양반도 아니고 충
성된 종도 아닌 내 형편에는 돼지고기 오리고기 구워 배
터지게 먹고 낮잠 자다 소나기 맞는 평상 하나가 사치입니
다 우주와 터놓고 지내는 호도 자도 본이름도 없는 평상
하나가 내 무위입니다 모자라는 놈 실성한 놈 말 더듬는
놈 한쪽 다리 짧은 놈 왼손잡이 곰배팔 태몽 없이 태어난
놈 운명이 비빔밥이 된 놈 모두 들락거리는 평상 하나가
내 이념입니다

—「평상」 전문

'왕'과 '양반', '돈의 충성된 종' 등등 위 시에는 존재를 규정하는 여러 계층의 명칭이 등장한다. 그런데 이 모든 계층들은 시적 자아와는 관계가 없다. "호도 자도 본이름도 없는 평상 하나가" 시적 자아의 '무위'이자 '이념'일 따름이다. '평상'은 높고 낮음, 귀하고 천함, 많고 적음 등의 분별이 없는 세계를 표상하는 상관물이다.

"호도 자도 본이름도 없는", 즉 무엇으로도 규정되지 않는 것은 아무것도 아닐 수도 있지만 역설적으로 모든 것일 수도 있는 것이다. "우주와 터놓고 지"낸다는 것의 의미역은 이러한 맥락에 닿아 있는 것이며 아무것도 아니지만 동시에 모든 것인 존재들과의 소통을 함의하고 있는 것이다. "모자라는 놈 실성한 놈 말 더듬는 놈 한쪽 다리 짧은 놈 왼손잡이 곰배팔 태몽 없이 태어난 놈 운명이 비빔밥이 된 놈 모두 들락거

리는 평상"이란 바로 분별의 경계가 무화된 순수의 세계를 표상하는 것이라 할 수 있다.

이중도의 시에서 이러한 원초적 순수의 세계를 표상하는 시적 대상은 '평상' 뿐 아니라 '흙 마당'(「촌놈」,「꽃밭이나 하나 만들어」), '질그릇'(「섭패」), '갯벌'(「적덕 고모-사랑의 전설 3」), '골짜기'(「춘삼월」) 등등 사물에서 자연에 이르기까지 매우 다양한 양상으로 등장하고 있다. '실성한 주막'(「실성한 주막-사랑의 전설 2」)도 그 중 하나다.

> 오거라 망망한 바다 술 취한 망나니로 떠돌던
> 바람아 마누라 새끼들 다 도망가고 이빨마저 도망간
> 바람아 박 바가지 하나 들고 백발 거지 되어
> 오거라 장작불로 개장국 끓여 주마
> 복숭아뼈 익는 구들장에서 백만 년 재워
> 보리밭 끝없는 네 고향으로 보내 주마
> 캄캄한 구름아 장대비로 울며불며
> 오거라 아름드리 살구나무 활짝 핀 꽃으로 서서
> 흠씬 두들겨 맞아 주마
> 흠뻑 네 눈물 머금고 꽃비 되어 주마
> 네 슬픔의 자궁까지 흘러가 주마
> 오거라 세상에 다 털린 사람아 실성한 동무야
> 술값도 밥값도 계산도 모르는 실성한 주막 되어
> 나 여기 있으니
> ―「실성한 주막-사랑의 전설 2」전문

'실성'이란 사전적인 의미로는 정신에 이상이 생기는 것,

정신을 놓아 버리는 것을 뜻하는 말이지만, 여기에서는 이성, 분별을 놓아 버리는 의미로 읽을 수 있다. 정신을 바짝 차리지 않으면 언제 "세상에 다 털린 사람"으로 전락하게 될지 모르는 곳이 바로 우리가 살고 있는 세상이다. 이러한 세상에서 이른바 '제정신'을 가진, '정상'에 속하는 사람이라면 "세상에 다 털린 사람"에게 손 내미는 것조차 '현실'이라는 이름으로 불안해 하며 망설이게 될 것이다. 그런데 시적 자아는 오히려 "세상에 다 털린 사람", "실성한 동무"를 호명하여 불러들이고 있다. 스스로 "실성한 주막"이 되어 '여기'에 있을 테니 "망나니로 떠돌던 바람"으로든, "울며불며 달려드는 장대비"로든 오기만 하라고 손짓하고 있다. '실성한 동무'의 슬픔의 근원에까지 이르기 위해서는, '너'의 슬픔과 '나'의 그것의 분별이 사라진 세계에 이르기 위해서는 "술값도 밥값도 계산도 모르는 실성한 주막"이 되어야 하는 것이다.

> 개망나니 지아비 진창에 싸질러 놓은 하루치 생을
> 지문 닳은 손으로 주워 모으면 시골 마당
> 찌그러진 세숫대야 가득한 똥개 밥 한 그릇
> 삼생이 잡탕 된 고봉의 똥개 밥 한 그릇
> 용왕도 천신도 비워 주지 않는 지은이도 심청이도 닦아 주지 않는
> 똥개 밥 한 그릇 부뚜막에 쪼그리고 앉아 비우고 닦아 온
> 긴 세월 이제 일장춘몽이라 느껴지는 쪼그랑박 팔순
> 평생 비우고 닦아 온 지아비 그릇에 이제 쌀 반
> 보리 반으로 지은 밥이나마 담기는데

> 당신 그릇은 어디에 있나요
> 제 그릇 다 찾은 당신 아들딸 모두 찾으라고 성화 부리는
> 당신 그릇은 어디에 있나요
> 그럴 때는 늘 웃기만 하는 그릇이 뭔지도 모르고 웃기만 하는
> 당신은 지금 갯벌에 있습니다
> 억만 생이 구멍 파 숨 쉬고 살아가는 갯벌
> 가슴 파고들어 살아가는 것들의 숨을 제 숨으로 삼는
> 갯벌 한가운데 기역 자로 굽어 있습니다
> ―「적덕 고모―사랑의 전설 3」 전문

"계산도 모르는 실성한 주막"이 표상하는 바를 더욱 구체적이고 사실적으로 구현하고 있는 인물이 "적덕 고모"다. "적덕 고모"는 평생 "개망나니 지아비"가 "진창에 싸질러 놓은 생을" 비우고 닦아 왔다. 시적 자아는 이를 "똥개 밥 한 그릇"이라 명명하고 있다. "개망나니 지아비"가 '똥개'와 등가인 셈이다. 평생 '똥개', 지아비의 그릇은 비우고 닦아 왔지만 정작 자신은 "그릇이 뭔지도 모르고 웃기만" 하고 있다. 시적 자아가 "당신 그릇은 어디에 있"는지를 직설적으로 묻고 있는 이유도 여기에 있다. "적덕 고모"의 가슴에서는 네 그릇 내 그릇이 따로 있지 않은, 네 숨 내 숨이 별개의 것이 아닌 순수의 세계가 구현되고 있는 것이다. "억만 생이 구멍 파 숨 쉬고 살아가는 갯벌", "가슴 파고들어 살아가는 것들의 숨을 제 숨으로 삼는 갯벌"이 바로 "적덕 고모"의 가슴이기 때문이다.

이중도의 시에 구현되고 있는, 분별의 경계가 사라진 순수의 세계는 재생과 부활의 세계, 모든 대상이 가능태로 존재하는 세계라 할 수 있을 것이다. 이러한 의미는 「촌놈」이라는 시의 "집 없는 산들바람 낙태한 달 족보 없는 돌배나무 모두 넘어오는 돌담 훌쩍 넘어오세요 내 구들장에 안기면 딱 사흘만 안기면 새순 돋아납니다 고사목 같은 당신의 복사뼈에도 새순 돋아납니다 두리번거리지 마세요 그냥 넘어오세요"라는 대목에서 구체적으로 묘파해 내고 있다. 이러한 의미가 위 시에서는 "개망나니 지아비"가 "적덕 고모"의 가슴에 파고들어 살아오는 동안 "똥개 밥"이 담기던 '그릇'에 어느새 "쌀 반 보리 반으로 지은" 이른바 '인간의 밥'이 담기는 것으로 드러나고 있다.

    재래시장 바닥에 앉아 지나가는 손님 애타게 바라보는 할머니 양파 비파 마늘 가난하게 펼쳐 놓은 할머니 무릎 툭 튀어나온 몸뻬는 소로 월든 자발적 가난 운운했던 간밤의 술자리를 머쓱하게 만들었습니다 탁주 한 사발에 양념 조미료 떡칠이 된 김치 우적우적 씹어 먹는 뱃사람들 선상 조식 곁에서 깐깐한 무염식 찾아다니는 생은 힐끔힐끔 눈치를 봤습니다 동이 서융 남만 북적 오랑캐 시커먼 봉두난발 앞에 선 어설픈 땡추 머리 같았다고나 할까요 적장을 삶아 고깃국으로 먹는 고대의 식성 앞에 선 희멀건 채식주의자 같았다고나 할까요 잇바디 사나운 상어 배 속 출렁거리는 대양 앞에서 합죽이 입 뻐끔거리는 붕어 같았다고나 할까요 합죽이 입으로 뱉어 온 내 모든 사랑이 부끄러워졌습니다

돌아가 다시 당신을 만나면 뭣 빼고 뭣 빼고 하는 까다
로운 입맛 따위 회膾 쳐 먹어 버리고 당신을 통째로 삼킬
것입니다
　　　─「당신을 통째로 삼킬 것입니다」 전문

　시인이 끈질기게 "사랑의 전설"을 탐색해 나간 결과 발견하게 된 세계는 바로 분별이 없는 순수의 세계였다. 우주의 섭리에서 보면 인간의 분별이란 너무도 사소하고 비루한 것이자 헛된 환상에 불과한 것이다. 시인은 이제 존재와 마주하게 되면 "뭣 빼고 뭣 빼고 하는" 분별하는 습속을 버리고 있는 그대로를 받아들일 것임을 의지한다. "사랑의 전설"은 "행복도 불행도 꽃말도 태어나지 않은 골짜기, 너도 나도 울타리도 태어나지 않은 골짜기"(「춘삼월」)에서 최종적으로 완성될 것임을 아는 까닭이다.

　이렇듯 시인은 이번 시집에서 존재에 덧씌워진 사회 경제적 지위나 여건과 같은 겉껍데기가 아닌, 본연의 존재를 드러내고자 분투하고 있다. 그의 시에서 '그들'의 삶은 더 이상 '그들'만의 삶에 머물지 않고 '우리'의 삶 속에 깊이 자리하게 된다. 개인 차원의 숙명론이 아니라 다수의 삶 속에 녹아들어 갈 수밖에 없는 보편론으로의 승화가 이번 시집의 주제가 될 것이다. 요컨대 "당신을 통째로 삼킬 것"이라는 선언은 결국 높고 낮음, 많고 적음, 귀하고 천함의 분별이 없는 순수의 세계, '사랑의 전설'이 전해질 수 있는 본연의 마음에 대한 시인의 간절한 염원이자 의지의 표명인 것이다.

시인 이중도

1970년 통영에서 태어나, 1993년 『시와시학』을 통해 문단에 나왔다. 시집으로 『통영』『새벽시장』이 있다.

당신을 통째로 삼킬 것입니다

지은이 | 이중도
펴낸이 | 김재은
펴낸곳 | 도서출판 시학사
1판1쇄 | 2015년 10월 30일
출판등록 | 2015년 5월 14일
등록번호 | 제300-2015-83호
주소 | 서울 종로구 혜화로3가길 4(명륜1가)
전화 | 744-0110
FAX | 3672-2674
값 8,000원

ISBN 978-89-94889-92-4 03810

* 저자와의 협의에 의해 인지를 생략합니다.
* 잘못된 책은 바꾸어 드립니다.